城市语言调查教程

王 玲 /编著

南京大学出版社

图书在版编目(CIP)数据

城市语言调查教程 / 王玲编著. —南京：南京大学出版社，2021.12
ISBN 978-7-305-25219-8

Ⅰ.①城… Ⅱ.①王… Ⅲ.①城市-语言调查-教材 Ⅳ.①H07

中国版本图书馆 CIP 数据核字(2021)第 265415 号

出版发行 南京大学出版社
社　　址　南京市汉口路 22 号　　邮　编 210093
出 版 人　金鑫荣

书　　名　**城市语言调查教程**
编　　著　王　玲
责任编辑　荣卫红　　　　　　　编辑热线　025-83685720

照　　排　南京紫藤制版印务中心
印　　刷　南京人文印务有限公司
开　　本　718×1000　1/16　印张 12.75　字数 177 千
版　　次　2021 年 12 月第 1 版　2021 年 12 月第 1 次印刷
ISBN 978-7-305-25219-8
定　　价　56.00 元

网　　址：http://www.njupco.com
官方微博：http://weibo.com/njupco
官方微信：njupress
销售咨询热线：(025)83594756

* 版权所有，侵权必究
* 凡购买南大版图书，如有印装质量问题，请与所购图书销售部门联系调换

前 言

　　社会语言学产生于20世纪60年代的美国，当时美国已经是个高度城市化的社会。因此，城市环境中的语言自然而然地成为社会语言学的研究对象。但是，由于缺乏对比，早期的社会语言学家并没有对其研究对象的"城市"性质引起重视。由于其在研究方法上与传统方言学产生差异，而被称为"城市方言学"；除此之外，没有更多的针对"城市语言"的理论探索。但是处于城市化大变革之中的中国社会语言学家对城市化本身的动态效应产生了兴趣。在这一背景之下，"城市语言调查"在21世纪的中国诞生了。

　　南京大学自2002年开始，开设面向本科生的"城市语言调查"选修课程。随后，在培养了第一批"城市语言调查"的学生的基础上，南京大学中文系于2003年6月成立了社会语言学实验室。实验室成立的同时召开了"首届城市语言调查专题报告会"。2004年，南京大学又举办了"第二届城市语言调查专题报告会"。参加这两次报告会的人员中，除了南京大学的学者以外，还有来自国内各地和境外的一些学者，报告内容包括了南京、洛阳、郑州、西安、武汉、香港、澳门等地语言调查的成果。这两届城市语言调查专题报告会虽然规模还不是很大，但却具有开创性的意义，体现了一个有组织、有系统、可持续发展的研究方向的开始。城市语言调查的研究方向很快引起了国内外语言学界的关注。2004年以来，国内外有关城市语言调查的研究成果不断涌现。

　　与城市语言调查的研究成果相比，面向《城市语言调查》课程的教材仍比较稀少。因此，笔者在充分研究现有教材及城市语言调查相关研究文献的基础上，编写了《城市语言调查教程》。本书的特色有二：

1. 本教材对应的课程特色是"实践—研究型课程"。本书坚持专业知识传授与创新能力训练相融合的观念，让学生在"做中学"，确保是一个有明确研究目的的、进行实质性研究的教学过程。学生不再被动接受知识，需要走出课堂，进入社会，锻炼与人沟通交流的能力、团队合作的能力以及开展小组调研活动的领导能力。

2. 本书强调自主学习环境。在基于探索、协作的教学模式中，课堂教学需以讨论、师生合作的方式一起探索体验知识的难点、要点，提高课程参与度，保证有效的课堂教学。在整个教学过程中，以培养学生学习兴趣为中心，从调查主题的确定、调查方案的安排、调查社区的选择等方面展开研究与实践，学习任务循序渐进，注重知识的运用和能力的培养。

本书的适用对象包括语言学方向及相关专业的本科生、研究生；使用者具有初步的语言学的基础。本教材总五章，适合1学期使用（至少16周，32学时）。本教材中的大部分内容已经在多轮的课堂教学中试用，内容和语言表述等也曾得到本科生、硕士生的积极反馈。此外，本书的完成，还要感谢我的研究生谭雨欣、蓝佑宁、郑媛文、支筱诗等同学；还要感谢南京大学出版社荣卫红老师对本书稿提出的宝贵意见。在此，对他们的帮助表示诚挚的感谢。

由于编者学识的限制，教材中肯定会存在一些问题或者偏颇之处，恳请读者批评指正。

王 玲
2021年5月

目 录

第一章　城市化与语言 ·· 001
 1.1　城市化及其特征 ·· 002
 1.2　中国城市化的特点 ·· 007
 1.3　城市化对中国社会的影响 ······································ 010
 1.4　城市化与语言生活 ·· 016
 1.5　城市化改变了语言的关系 ······································ 022
 1.6　城市化改变了语言使用者 ······································ 025

第二章　城市语言调查与社会语言学、方言学 ·························· 032
 2.1　结构主义语言学 ·· 035
 2.2　生成语言学 ·· 038
 2.3　社会语言学 ·· 041
 2.4　城市语言学与社会语言学 ······································ 048
 2.5　城市语言学与方言学 ·· 053

第三章　城市语言调查方法 ·· 064
 3.1　问卷调查法 ·· 069
 3.2　访谈法 ·· 082
 3.3　快速匿名调查法与问路调查法 ·································· 089
 3.4　自我评价测试与配对语装实验法 ································ 094

第四章　城市语言调查研究步骤 ……………………………… 103
- 4.1 研究选题 ……………………………………………… 104
- 4.2 研究设计 ……………………………………………… 111
- 4.3 研究变量与变量测量 ………………………………… 122
- 4.4 研究的抽样方法 ……………………………………… 129
- 4.5 试点调查 ……………………………………………… 141

第五章　城市语言调查报告与论文撰写 ……………………… 144
- 5.1 城市语言调查报告的结构和内容 …………………… 145
- 5.2 城市语言调查研究论文的结构和内容 ……………… 155
- 5.3 调查报告和论文的其他要求 ………………………… 174

第一章　城市化与语言

本章要点

1. 中国城市化特点及城市化影响。
2. 中国城市化与城市语言生活。

这一章中，我们将对城市化概念进行梳理，对我国城市化特点进行介绍，并阐明中国城市化给社会带来的影响。确定概念后，还会分析城市化与城市语言生活的关系。在阅读过程中，请你思考：社会变化与语言(或者语言生活)有什么关系？什么是语言生活？为什么中国语言学界会兴起城市语言调查研究？

对于刚打开本书的读者来说，或许您已经投身语言学研究或语言调查的相关工作数年，又或者正处于一知半解的状态。不过，这都不是问题，请跟着我们从学科的起源开始，一起进入城市语言调查的新世界。希望您最终不仅能够熟悉城市语言调查的操作流程，还能感受到这个新方向的重要性和魅力。

城市语言调查是近年来兴起的社会语言学研究的新方向，它的诞生与中国城市化进程的深化密不可分。这个新的研究方向，是社会语言学家们结合中国的社会现实逐步发展出来的。城市语言调查的主体是城市语言生活，仅仅从名称来看，就可以推测这是一个和城市化相关的、对语言生活进行调查的研究。但是,具体来说,城市语言生活与城市化有什么样的关系?为什么城市化会对语言生活产生影响?城市语言生活是什么?是我们平常谈论的语言,还是日常生活中的聊天说话?对于这些问题,我们都会在这本书中一一解释。

作为背景介绍,我们先来了解一下与"城市语言调查"密切相关的"城市化"。

1.1 城市化及其特征

情景演示:

张三:世界城市化的开始时间是什么时候?

李四:关于这点,目前有两个观点。一类认为人类生活中"城市"的产生是城市化的开端,另一类认为英国工业革命后城市化进程开始。

张三:那我们能具体到开始于哪一年,结束于哪一年吗?

李四:城市化是一个"动态过程",我们可以判断发展速度的快慢,但很难将某一事件当作开头或结尾,而忽略前期的积累和后期的发展。

说到"城市化"一词,想必大家并不陌生,我们在生活中常常听到这个词语,也曾经在高中阶段学习过它的知识。为了避免我们对它的理解有误,让我们从头梳理一遍什么是城市化。

"城市化"(urbanization),这一概念最早源于1867年西班牙工程师Ildefons Cerdà,当时他用来描述乡村向城市演变的过程。到了20世纪时,这个概念已经被多数学者接受与使用,各个角度的阐释让这个概念逐渐充实起来。现在,对于城市化最为常见的解释是,指人类生产与生活方式由农村型向城市型转化的历史过程,主要表现为农村人口转化为城市人口、城市人口及城市不断发展完善的过程。

不同的研究领域内,学者们对城市化的关注侧重点是存在差异的。比如,从人口学、地理学、经济学和社会学等视角来看,城市化的主要表现分别是:农业人口转为非农业人口,农村地区转为城市地区,农业活动转为非农活动。此外,他们通常使用五类标志来概括城市化,具体包括:城市人口在总人口中比重上升;劳动力从第一产业转向第二、三产业;城市用地规模变大;城市人口数量增加;城市数量增多。虽然不同学界对于城市化的定义并不完全一致,但都同意一点——城市化是一个动态过程。

城市化水平常常成为我们评价一个国家或者地区城市化发展水平的指标之一。而当我们评价一个国家的城市化水平时,总是以城市人口占总人口比例的变量作为城市化的主要参照指标,可见人口数据在城市化中的重要性。以英国为例,1760年到1851年期间,城市化进程加速,在短短90年内城市人口就超过了总人口的50%,1921年就达到城市化水平77.2%。再以日本为例,在城市化过程中,1920年时日本城市人口占总人口18%,1955年就已经达到58%。可以发现,各国的城市化发展虽然与世界发展的大趋势有关,本国的促进动力却更加重要。就算是当前城市化水平相对一致的两个国家,城市化的发展速度也会有所不同。

人们为什么要从农村迁移到城市呢?美国学者 E. S. Lee 人口迁移理论中的"推拉理论"告诉了我们其中的原因。推动大量农村人口离开农村进入城市的因素有很多。比如农村人口快速增长所造成的土地压力,农村众多家庭较低的收入,农村环境下极为短缺的社会服务,还有无法控制与预测的各类自然灾害影响等等。所有这些比较消极的影响因素,就是推动城市化进程开始的"推力"。在推力各个因素的影响下,农村地区的众多人口开始离开原居住地进入城市社区。除了带有消极色彩的"推力",也有被称为"拉力"的积极因素推动城市化进程的深入发展。比如,城市环境中,丰富的就业机会、较高的社会福利保障、齐全的文化设施以及便利的交通条件等等，这些因素吸引了心怀改善生活愿望的农村移民迁入新的城市居住地。

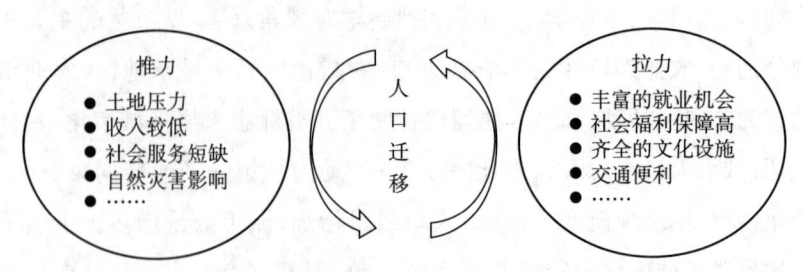

```
    推力                        拉力
● 土地压力          人      ● 丰富的就业机会
● 收入较低          口      ● 社会福利保障高
● 社会服务短        迁      ● 齐全的文化设施
  缺                移      ● 交通便利
● 自然灾害影响              ● ……
● ……
```

图 1.1　人口迁移推拉理论（基于劳动力转移"推-拉"理论）

现在以我国人口迁移作为实际的例子。我国城市的发展吸引了大量的进城务工人员，他们的户籍地在农村，在推力和拉力的综合因素下，进入城市从事长期的非农产业劳动。

让这些务工人员选择进入城市的主要原因有三。首先，目前我国农业人口人均耕地面积约 2.5 亩，部分地区人均耕地面积不足 0.5 亩，耕地有限意味着投入更多的人力资源并不能有效地增加个人收入，也无法改变土地的总产出。加上农业机械化发展，农业劳动生产力提高，所需劳动人数下降，最终出现了剩余劳动力。再次，从城乡收入来看，农村的收入低于城市，且发展不平衡。2008 年，上海城镇居民和甘肃农村居民消费差距达到十倍之多。最后，从个人长久发展出发，农村的发展机遇、教育资源等等均不如城市丰富，对于一些务工人员来说，迁往城市发展有机会能够改变自己的命运。

城市化的发展有不同的进程，在不同进程中，人口迁移的推拉力也会有所变化。因此，学者们通常会根据人口迁移状态对城市化的不同阶段与过程进行划分。一般来说，可分为城市化、郊区城市化、逆城市化和再城市化等不同的阶段。

现在你大概明白了吧，城市化的兴起与发展，最主要的原因还是城乡之间的经济差距。表 1-1 向我们展示了城市化的不同阶段。在城市化初期，推拉力共同作用，农村人口开始向城市聚集，城市化兴起并发展；当城市化进一步发展而且市中心人口达到一定数量时，出于地价、交通和环境等方面的考量，城市人口迁向城市郊区，城市范围逐渐扩大，带动了郊区的发展，出现了郊区城市化现象；当郊区城市化到一定程度，市中心人口接近饱和，地价、交通、环境的影响进一步提升，而此时农村和小城镇的基础设施已经逐步完善，城乡交通发展便利，于是，在这一阶段，城市人口开始向农村和小城镇迁移，进入逆城市化阶段；当逆城市化发展到一个阶段时，为了改变中心城区空洞化，城市管理者会逐步调整产业结构，再次开发中心区，发展高科技产业及第三产业作为吸引，使人口再度迁回市区，这就是再城市化。

表1-1 城市化人口迁移方向的不同阶段（人民教育出版社 高一地理2009）

城市化	郊区城市化	逆城市化	再城市化

此外，随着科技的快速发展，城市化的空间结构也有了不同的模式。传统城市化发展以外延为主，从城中向郊区、农村发展。以南京市为例，发展较早的城区是玄武区、秦淮区、建邺区、鼓楼区，随着主要城区发展逐渐带动周围城区建设。比如，利用建立大学城带动栖霞区、江宁区的整体建设。另一种城市化结构则是点对点的飞地型城市化，这种方式是由大城市跨越郊区、农村直接向另一小城市发展，因为过程类似发射卫星，因此对应的小城市又被称为"卫星城市"。通过两个城市共同发展逐步协助跨越区域的发展，这也成为许多城市之间称为"姐妹城市"、"兄弟城市"的原因，中国沿海城市和内陆城市所采用的对点援助也是根据这个原理。

目前，发展中国家处于城市化及郊区城市化阶段，个别城市，如我国的超大城市北京、上海、广州、深圳，有向逆城市化发展的趋势。发达国家则多处于逆城市化，个别城市开始再城市化发展。

根据城市人口比重的上升，城市化可以分为初期阶段、加速阶段和后期阶段。初期阶段，城市化发展速度慢，城市化水平低于30%，城市地域小但范围扩大，功能分区表现不明显。加速阶段中，城市化速度快，城市化水平较高（30%~70%），城市地域迅速扩大，出现郊区城市化，造成了劳动力过剩、交通拥挤、住房紧张和环境恶化等影响。到了后期阶段，城市化速度再次减缓，城市化水平高（>70%），城市界限模糊，出现逆城市化，此时的城市中心出现失业率高、空旧房增多、犯罪率升高和市中心空洞化的现象。

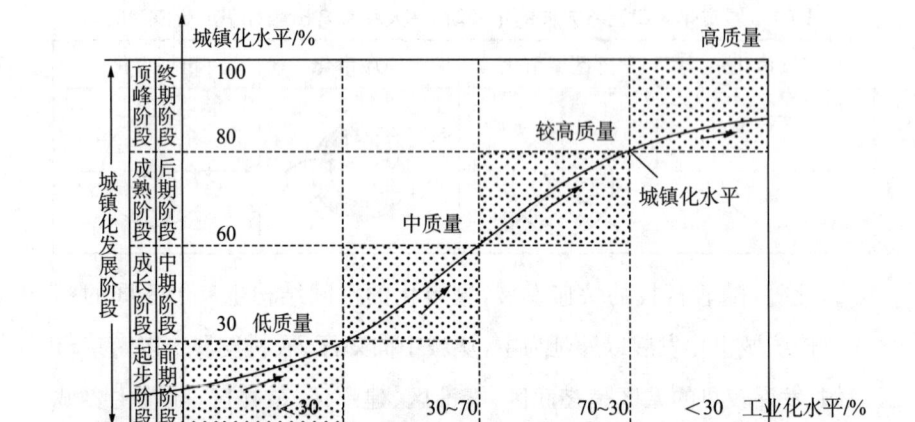

如图1.2所示，城市化的发展过程呈现为一个延展的S型。

图1.2 新型城镇化高质量发展的四阶段性规律示意图（摘自方创琳2019）

我国的城市化发展开始较晚，而发达国家的城市化水平高，已经经历了多个进程。在有可借鉴的历史发展的前提下，通过合理的城市规划，我国在加速阶段的进展尤其明显，已经处于基本稳定的城市化状态。由于我国正处于城市化深入发展的进程中，更容易观察到在城市化进程中会发生的社会状态的改变，这对于补充和完善城市化的相关理论有不可忽视的重要意义。

1.2 中国城市化的特点

> **情景演示：**
> 张三：城市化的研究已经有不少国家进行，英美等国家也经历了城市化的各个阶段，中国城市化有什么不一样？
> 李四：为什么中国不同城市的城市化差异这么大？城市与农村之间是什么原因造成的差异？

在介绍完城市化的基本理论后，我们将目光集中在中国的城市化进程上。

中国的城市化与其他国家相比，发展时间较晚，目前正处于发展加速阶段。中国在发展城市化的过程中，根据自身国情，发展出了中国特有的城市化道路。

中国现代城市的起源，大致可以追溯到1840年鸦片战争时期。由于鸦片战争、外国资本主义的入侵和中国民族工业的产生，沿海的通商城市开始展现现代化踪迹。从晚清开始，中国城市化率缓慢提升。

中国城市化的正式开始，可以追溯到1949年，以城市化率达到10.6%为代表标志。随后，中国城市化发展速度逐步提升，在时间上中国城市化过程可以分为1949年到1978年、1978年到2000年、2000年以后三个部分（见图1.3）。

1949年到1978年是中国城市化缓慢而曲折的发展时期。当时主要发展重工业，需要花费大量的资金和技术，因此使用计划经济的方式进行配置，成功建立了工业体制，但也抑制了农业和城市化的发展，城市基础建设没有达到形成拉力的水平。当时由于户籍制度，农业与非农业人口有城乡待遇的区别。同时，城市居民生活供给制度使用凭票

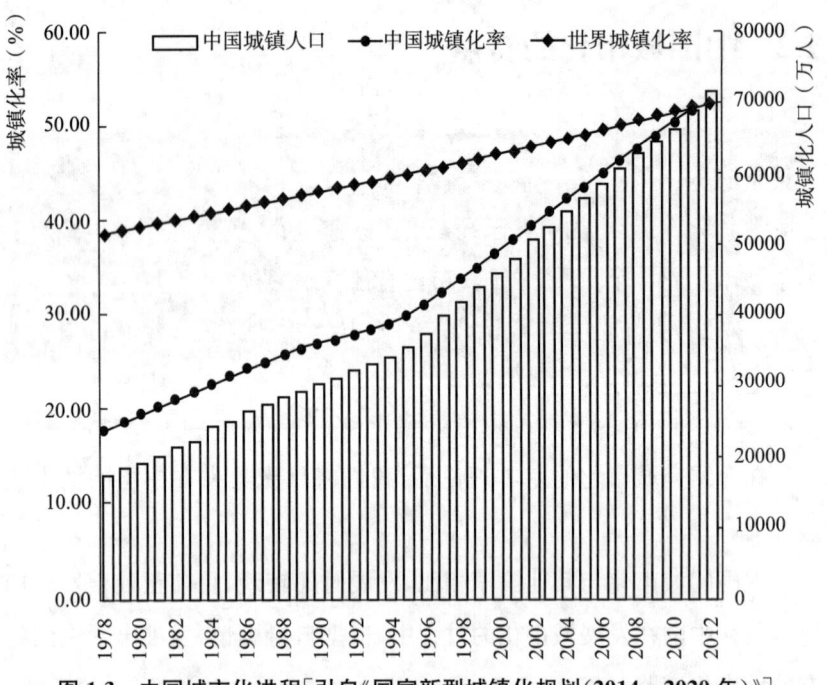

图 1.3　中国城市化进程[引自《国家新型城镇化规划(2014—2020年)》]

交易的方式,以及统包劳动分配制度,使得农业人口在城市中无法生活、难以就业。因此,当时农村人口数量多但增长速度放缓,而城市人口的增长速度变快。

1978年3月,我国召开了第三次全国城市工作会议。同年我国实施改革开放制度,从这年开始到2000年,我国的城市发展恢复元气并迅速踏上了城市化发展的高速公路。改革开放各项政策的实施,改变了之前以个人出生、家庭背景等先赋性因素决定社会地位的状态,转变成为以个人努力、个人业绩等后致规则为主导的社会流动机制。随着机会的增加,农村人口向城市迁移的流动率迅速加快,各个城市发展速度提高,其中尤其以沿海城市发展速度为快。这个时期,我国的城市化发展从初期阶段进展到加速阶段,2001年城市人口比重已经达到37.66%。

2000年以后,我国的城市发展已经逐渐融入当今世界城市发展的主流——以"大都市"和"城市群"为中心的城市化进程。一些研究数据或者珍贵图片，鲜明地记录下我国城市化快速发展的宝贵历史，也让我们能更直观地感受到或者看到中国城市面貌惊人的前后对比。如图1.4中大都市上海的发展与变化。

在对中国城市化过程有了较为详细的了解后，我们可以通过进一步分析，将中国城市化的主要特点概括为以下几点。

第一，发展速度快。我国城市化发展速度从1978年进入加速期，从1978年至今40多年过程中，城市人口占总人口比率以平均每年1%的速度快速增加。我国正处于城市化高速发展的时期，社会环境变化十分迅速。

第二，城市规模大。每个国家对于城市规模都会进行一定的划分，由于我国人口基数大，城市规模划分标准的常住人数自然也比较可观。为了满足进一步城市化的规划需要，2014年11月20日，国务院发布《关于调整城市规模划分标准的通知》，按城区常住人口数量将城市划分为五类七档。例如城区常住人口1000万以上的城市被称为超大城市，特大城市指城区常住人口500至1000万的城市等等。目前，人口超过1000万人的超大城市就有7个，其中重庆、上海、北京的人口超过2000万人。

第三，城市化发展水平差异大。我国城市化发展目前呈现出沿海高于内陆、东部高于西部、局部高于整体的发展趋势。因此，在同一时间点、同一国家政策下，我们能够观察到发展水平不同的城市之间具有什么差异，方便进行共时研究及对比分析。对于学者研究来说，这是研究的优势；不过，从政府层面来看，可能是未来需要调整或者完善的工作内容。

改革开放以来，中国城市发展十分迅速，到1999年已有大中小城市668个，比1949年的132个增长了5倍；城市主要分布在东部沿海，占全国城市总数的44.9%，是西部地区的2.5倍；东部地区城市的经济发展水平也占GDP的58%，是西部的4.2倍，而土地面积却仅为全国的14.1%。东部城市又主要分布在环渤海地区、长江口和珠江口三角洲地区。因此,新中国成立后我国城市布局存在着严重的不平衡,而且东部地区内部也有不平衡发展的现象。这进一步影响了我国经济的发展,东部地区以人口密度高、工业化程度高、资源相对紧缺与西部地区的土地面积大、资源拥有量多、技术含量低形成互为反方向的大倾斜,而东部地区的经济发达区与经济低谷区又形成了不平衡的波纹状格局。

我国城市化的多方位研究正处于研究热门,各类理论不断提出,丰富了学界的理论储备,是相关研究的世界焦点,对中国学界而言,是非常难得的宝贵机会,借由相关记录,能够整理出相对完整的城市发展过程,作为人类历史的珍贵资料。与此同时,中国城市化正处于发展阶段,为了避免出现城市化发展可能出现的某些问题,中国学者也有责任对发展状态进行评估和预判,帮助中国城市化顺利发展。

1.3 城市化对中国社会的影响

> **情景演示:**
> 　　李四:究竟是城市化改变了我,还是我推动了城市化?
> 　　张三:你生活在城市化进程中,被它改变;城市化是一个社会进程,你作为社会的一部分,也是城市化的推动者。

城市化对中国社会、中国普通老百姓的生活影响巨大。大到人生规划,小到衣食住行,从个人到社会,从微观到宏观。城市化进程中,社会结构、社会流动都随之改变,形成新的社会规律。前面已经讲解了中国的城市化发展,那么,如此大规模又快速的城市化对中国社会究竟产生了什么影响?

1.3.1 社会结构的分化

随着城市化发展,城市的社会阶层分化逐渐形成。所谓的社会阶层(social stratum),与社会阶级(social class)并不相同。阶级是以生产资料占有为依据,以自身和生产资料的关系来体现个人在社会生产中的位置;而阶层是以个人的财富、地位、权力和声望等综合评价进行划分,是比阶级更详细的划分方式。必须注意的是,阶级之间存在对抗性的相互矛盾关系,而阶层之间彼此不一定存在敌对关系。阶层的内部成员有着相似的价值取向,对所处阶层有一定的认识并主动选择和自己阶层相近的生活方式,也因此,相同的社会阶层中多有相似的社会行为。

目前,在城市化的影响下,国家与社会管理者阶层、私营企业主阶层、经理人员阶层等十大阶层逐渐在中国社会形成(表1-2)。在城市化发展下,阶层分化已经相对稳定,这几大阶层之间人数并不一致并且会发生变化,但总体上的地位与关系较为明确。

表1-2 中国社会的十大阶层(引自陆学艺 2002)

国家与社会管理者阶层	经理人员阶层
私营企业主阶层	专业技术人员阶层
办事人员阶层	个体工商户阶层
商业服务业员工阶层	产业工人阶层
农业劳动者阶层	城乡无业、失业、半失业者阶层

1.3.2 社会流动的加速

阶层之间的关系并非永久固定,各阶层之间会发生身份的转换,生活中常见的例子就有职业的改变、创业一类,都可能成为阶层身份改变的原因。随着中国社会城市化发展,社会流动的机会和需求都相应增加,现代社会流动机制的模式已经初步形成。

1978年改革开放前,社会阶层流动性较小,二元身份影响了大部分的发展空间,个人主观努力对自身社会阶层的改变有限,主要的社会阶层流动依靠政治调动等机会,阶层之间流转的可能性小,吸引力也不明确,人们受二元身份限制大。

那么,什么是二元户籍制度?为什么会产生二元户籍制度?关于这点,我们必须结合近代中国发展历史进行解释。

新中国成立时,较长时间内城乡经济凋敝。1949—1952年全国城镇待业人员年末人数分别达474.2万、437.6万、400.6万和376.6万,失业人员涉及工人、店员、平民、学生、官吏、商人、知识分子等诸多群体。同时,乡村破产农民为谋求生路,涌入城市,不断扩大城镇的失业大军规模。自近代以来,就存在着日益严重的"农民离土"现象,即农民离开故土、外出谋生的行为。20世纪20年代农村人口的"离村率"为4.61%,进入30年代全家"离村率"为4.8%,青年男女离村率为8.9%。农民"离土"现象有多重原因,但主要还是由于城乡发展不平衡,而农村人口又过于饱和,因此农民有了向上流动的需求。然而,中华人民共和国成立初期城市经济对就业人口的吸纳力不强,大量农民的涌入加剧了城市的就业压力。

在这样的背景下,新中国于1951年出台了第一个全国性的户籍法规《城市户口管理暂行条例》。当时的户籍工作局限在大中城市,还没正式展开农村户籍工作,因此,此法规第一条讲明法规用意是"维护社会治安,保障人民安全及居住、迁徙自由"。

由于城乡发展的不平衡,农村居民收入水平及其增长幅度不如城市居民,农村存在着许多隐性失业的劳动力,致使农民不断地涌入城市。

1953年,随着第一个五年计划的执行,确立了"优先发展重工业"的路线。一方面,实行工业化建设需要大量的资金和资源,重工业战略的实施使得有限的资金与资源都集中于工业,尤其是重工业上,农业能分到的极其有限;另一方面,城市和工业对商品粮食及工业原料的需求会日益增多,要求农业为其提供坚实的物质保障,而工业发展也需要有农村这个广阔的销售市场。因此,当时处理好农村、农业、农民的问题便成为保障工业化建设的关键。为实现国家工业化而制定的一个重要措施是,从1953年秋起,从粮食领域率先开始,而后逐渐扩展到棉花、油料以及其他农产品的统购统销,在农村对农产品实行计划收购,在城市实行计划供给,同时由国家严格控制管理农产品市场。

1955年国家发布《市(镇)粮食定量供应暂行办法》《农村粮食统购统销暂行办法》等法规,规定城市人口吃供应粮,农村人口吃自产粮,开启了城市户口人员的计划(票证)供应制度,户口与粮食之间的联系日趋紧密。农民进城若无单位接收,粮食供给将成为问题。这一做法使户籍的存在直接影响各类票券的发放,粮食供应开始与户口直接联系,有效限定了人口的流动范围。同时,自1955年起,中央在各种文件中逐步明确城市用人单位在招聘时以"先城市后农村"为招聘原则。

这个时期,农村也处于农业集体化过程中,农民支配劳动力的自由度受限制,而国家对自由市场的政策收紧,也增加农民进城做小摊小贩、小手工业者维生的困难。尽管如此,仍然存在单位越过劳动部门招工、县区政府未经确认就发放介绍信和户口转移证等情况,城市人口的增长速度难以控制,农民进城后也依然面临无业、居无定所的可能。

1958年,全国人大常委会通过《中华人民共和国户口登记条例》,正式确立"农业户口"和"非农业户口"二元制的户籍管理制度。面对人口迁徙的问题,《中华人民共和国户口登记条例》规定:公民由农村迁往城市,必须持有城市劳动部门的录用证明、学校的录取证明或者城市户口登记机关的准予迁入的证明,向常住地户口登记机关申请办理迁出手续。这是控制人口迁徙的基本制度,即农民要求迁入城市,需要先向拟迁入的城市户口登记机关申请,城市户口登记机关审查合格后,签发"准予迁入的证明",若审核不通过,就不能迁入。

从结果上来看,中华人民共和国成立以来人口自由迁徙的情况被成功管制。

1964年,国务院转批公安部户口迁移相关规定的基本要点时提出两个"严加限制":对从农村迁往城市、集镇的要严加限制;对从集镇迁往城市的要严加限制。1977年,公安部具体规定了"农转非"的内部控制指标,即每年从农村迁入市镇的"农转非"人数不得超过现有非农业人口的1.5‰。

此后较长时间内,由户籍问题所带来的各类不平等问题随之产生,从日常生活的婚丧嫁娶等间接问题到子女就业、个人医疗等直接问题都出现差距。

1992年起,国家开始对我国户籍制度进行改革,具体内容包括取消农业、非农业二元户口性质,统一城乡户口登记制度;实行居住地登记户口原则,以具有合法固定住所、稳定职业或生活来源等主要生活基础为基本落户条件,调整户口迁移政策等。

2014年7月31日,国务院公布《关于进一步推进户籍制度改革的意见》,取消农业户口与非农业户口,统一登记为居民户口。这标志着我国实行了半个多世纪的"农业"和"非农业"二元户籍管理模式退出了历史舞台。

城市化进程中,许多城市为了自己的发展,提出人才落户的各种优惠政策。比如特大城市的积分落户制度,大学生、研究生居住补助,以及各类公办学校允许外来务工人员子女转学入校等。再如,山东省在全国率先打破高考户籍限制,从2014年起,凡在山东省高中阶段有完整学习经历的无户籍考生均可在山东省就地报名参加高考。

不过,对二元制的户口制度要采取辩证的态度来看待。虽然二元制的户口制度带来许多延伸问题,但对当时的社会发展与社会稳定具有十分重要的意义,我们不可片面武断地对其下定论。

当前,随着城市化的深化,二元身份限制已被打破,阶层流动的主要方式由以自身能力为代表的后致性规则决定。城市中的各个阶层通过努力,均能获得较为丰富的发展机会和流动的选择权,能够为自己的地位转变寻找机会。社会流动的速度大幅度提升,进入高速流转的阶段。

目前,社会上追求身份转变的方法中,有一类是我们很多人经历过的——高考。对于很多家庭来说,高考所带来的学历为将来发展提供了很大的发展前景。在大学生活中,我们参与各种考试取得的能力证明也会成为后期选择职业或者改变自己命运的辅助或基础。

下面的这个例子可以帮助我们理解,由后致性规则决定的社会流动的好处。

农民出身、仅有高中学历的刘学云原本在家乡务农,却在一次法律知识竞赛中取得第一名,从此他的人生轨迹发生了变化。从 2000 年起,他通过函授、面授等方式取得大专和本科学历,并开始备战国家司法考试。十来年间,他每天 5 点起床,背诵各种法律条文。2012 年,48 岁的刘学云与一起备考的女儿双双通过司法考试。2019 年起,通过公益普法直播,刘学云还成为"网红律师"。

在这个例子中,刘学云的社会阶层本来属于农业劳动者阶层,但在 2000 年时,凭借个人努力,通过国家教育的各个途径提高自身受教育水平并获得相关专业能力,通过国家认定获得律师身份,实现了阶层的转变;且在律师身份之外,还拥有直播经营者的身份。由此可见,在当今社会,社会流动速度加快、途径更为丰富,社会阶层之间的大众认可度有高低之分,但如果个人存在改变自身阶层的主观意愿,就可以进行多种尝试。同时,尽管处于某一社会阶层,也可能拥有不止一个的社会身份。

社会阶层的出现、固定与社会流动之间是相互影响的。社会阶层的差异促进社会流动,而社会流动的自主性加强了人们对阶层的认同感,主动造就阶层差异,两者相互作用,形成社会结构。

【练习】

1. 请你访谈你身边的家人或者亲戚,请他们谈一谈对所在地区户籍落户政策的了解,或者曾经看到、听到过关于户籍带来的福利等。

2. 请调查了解一下你所生活的城市、乡镇城市化的状况以及城市化对社会生活的影响。

1.4 城市化与语言生活

前面一节我们已经知道城市化是怎么发展的,也清楚了中国城市化的过程以及它对中国社会生活的影响。因为我们讲的是城市语言调查,重点还是在语言和语言使用本身。现在是时候来谈论一下城市化与语言(或者语言生活)的关系了。

城市化进程影响或改变了社会的结构,加速了社会流动,这些社会变化影响了语言生活。作为社会语言学的新方向,城市语言调查关注的仍然是语言社会本身。既然社会发生了改变,那么很显然,语言(或语言生活)也会随之改变。可能你也注意到了,在这里我们强调的是城市化对"语言生活"的影响,而不是以往我们熟悉的"语言"。

单说"语言"你会想到什么?可能很多人的答案是汉语、英语……各种不同的语言,更有甚者会想到各类计算机语言。那么什么是"语言生活"?正如说到"学生",我们很多人会想到背着书包、在教室听课的人物形象,但说到"学生生活",我们脑内的资讯立刻丰富到和同学打闹、准备考试、写作业努力思考等等的生活细节。也就是说,"生活"这个词不仅仅包含了学生身份的概念定义,更包括与之相关的各个日常层面。"语言生活"概念与之相似,也是用使用领域来限定概念。那么,语言的使用领域具体包含什么呢?

首先,语言生活中的"语言"范围很广泛,它包括文字、语言知识和语言技术。

文字是为了记录口头语产生的,本质上属于对语言的使用。语音是口头语的载体,与之相对,文字是书面语的载体。文字本身就是语言的有机载体的一部分。

语言(包括文字)是客观存在的社会现象,人类对语言、语言使用、语言发展演变等的认识,形成了语言学的各种知识,包括有关文字的各种知识。语言知识是人类科学的一部分,是对语言及其相关问题的理智认识。由于语言与人类社会、与社会成员的关系异常密切,语言知识不只属于专业领域,其中一部分还应当成为"公民常识",进入基础教育,成为科普的内容。比如我们从小就有语文课,沟通中使用"立早章"区分"弓长张",更深入的又有对文言文的阅读理解训练、学习外语、辞书编纂,等等。无论是否有相关意识,我们在生活中都或多或少使用语言知识,因此语言知识在语言生活中应有一定的地位。语言技术则是指对语言的产生、传递、接收、贮存、加工等各环节发挥作用的技术。我们生活中已经有许多运用纯熟的语言技术,比如电子产品能够实时翻译,我们可以通过各种社交软件发送文字、语音信息,还可以将文字变换成不同字体。

结合以上解释,语言生活其实就是与语言、语言知识和语言技术三个方面有关的社会生活。

在了解语言生活的概念后,我们再从三个维度对其进行认识。运用、学习和研究是语言生活的三个维度,这三维度和三方面纵横构成了语言生活的九个范畴,见表1-3。

表1-3 语言生活的九个范畴(引自李宇明 2016)

	语言	语言知识	语言技术
运用	语言运用	语言知识的运用	语言技术的运用
学习	语言学习	语言知识的学习	语言技术的学习
研究	语言研究	语言知识的研究	语言技术的研究

接下来根据实际生活来对这九个范畴进行举例,方便我们加深理解。

运用维度上,语言运用包含日常口头沟通和文字沟通;语言知识的运用正如上文提及,包含专业角度的辞书编纂、日常角度的猜字谜等;对于语言技术的运用,生活中常见的有自动翻译、打字输入等等。

学习维度上,以英语为例,语言学习就是各类词汇、发音等;语言知识的学习则包括各种语法、词性或词态的变化;而语言技术的学习,即为学习使用五笔输入法、学习计算机编程语言等。

研究维度上,语言研究的主体是专业人员,比如汉语研究的专业人员召开学术会议;语言知识的研究则可以是各类语言学家对语言进行知识梳理与总结;语言技术的研究是一种语言学和信息科学的结合,比如尝试发明一种编程语言。

现在,我们已经了解语言生活的概念和语言生活的三个维度、九个范畴。接下来,我们再把语言生活划分为宏观、中观、微观三个层级进行分析。

宏观上,语言生活可以划分为超国家、国家两个部分。超国家部分一般聚焦联合国组织等国际组织的语言活动。这个部分的语言生活,举例来说,有确立各类组织、会议的官方语言,对全世界濒危语言的关注等等。国家部分的语言生活则包括国家内部通用语的确立、培养国家需要的语言能力人才、利用语言传承文化、争取语言红利、为社会提供语言服务等。

情景演示:

国务院 2009 年发表的《中国的民族政策与各民族共同繁荣发展》白皮书指出,中国 55 个少数民族中,除回族和满族通用汉语外,其他 53 个民族都有本民族语言。……

张三:中国社会科学院研究生院教授、中国民族语言学会会长孙宏开等主编的《中国的语言》显示,我国有少数民族语言 129 种,其中,列入濒危的 21 种,正在迈入濒危的 64 种,临近濒危的 24 种,没有交际功能的 8 种……

李四:张三,为什么语言会濒危呢?

张三:现在生活和以前不一样,使用少数民族语言的环境在生活中越来越少,使用者也就减少了。(引自华夏经纬网,2019 - 12 - 06)

中观上,可以划分领域部分和地域部分。领域上,比如行业领域,就可以分为教师语言、播音主持语言等。不同领域的语言使用、语言要求和面对的语言问题都有不同。地域上，根据不同地域的社会现实，语言生活的侧重也有不同。比如北京、上海等一线城市侧重多语言的公共规划，少数民族地区侧重普通话推广等等。微观上，可以分为个人和社会终端组织等不同层面的语言生活。个人语言生活从社会个体出发，比如对于自身语言能力的精进、语言层面的困难等等。另一方面则是家庭、乡村、法院、电视台等社会终端组织的语言生活，比如家庭语言规划、电视台划定语言标准的要求等。

当我们尝试对某一角度的语言生活进行研究时，也应该对它进行以上几个方面的探讨。之后，话题回到主题，我们将视线集中在中国的城市化给城市语言生活带来的影响或者变化。城市化对中国城市语言生活的最大影响是，城市化改变了中国城市的语言环境。

如前所述，在城市化率较低的时期，我国的社会流动并不频繁，人们以血缘、地缘关系的对象为主要交际对象，使用一种方言或少数民族语言已经足够应付生活所需。城市化发展后，社会流动速度提高、范围扩大，各个村镇的人向大城市聚集。城市与城市之间交通发展流动变快后，不同城市人群流动频繁。

传统的以单语为主要特征的语言环境发生了变化。在城市化的影响下，出现了当地方言、普通话、其他方言、少数民族语言或者外语等各种语言资源共存的现象。同时，普通话的重要性也开始凸显。随着城市化的不断深化，社会流动越来越频繁，不同地区或城市的外来人口不断涌入城市，说不同方言、少数民族语言的人开始混杂居住在一起，这些就带来了语言交流的问题。当地方言已经不能承担交际的功能，于是，在全国各地推广普通话开始成为必需且重要的任务。

1956年，国务院发出《关于推广普通话的指示》，普通话被完整地定义为以北方话为基础方言、以北京语音为标准音、以典范的现代白话文著作为语法规范的汉民族共同语。

接下来我们结合实际调查的结果记录，深入说明城市化对社会语言环境所带来的影响。城市化初期，社会流动不频繁，且流动范围有限,使用方言或带有方言口音的方言普通话对实际生活并不会造成明显影响。

20世纪末,曾有学者在闽方言区做过调查,大部分学生(88.3%)的家庭语言是方言,65.2%的学生在中小学时期接受的教学语言全部或部分是方言;10.1%的学生阅读和表达时的内部语言仍是方言,有些学生甚至是在进了大学之后才开始学习普通话的。但在与母语为普通话的学生进行对比时,母语为方言的学生在运用共同语进行交际的过程中理解和反应的敏捷度必然会受到某种程度的影响,这也正是方言区学生在运用共同语进行交际时显得迟钝、木讷的原因所在。这种倾向如果不能通过有效的语文训练得以改善而任其继续发展下去的话,对方言区学生运用共同语进行交际会产生更为深层的制约和影响:因为缺乏普通话语感,不能顺利地实现方言与普通话之间的转换,于是只好套用磨人耳茧的套话和方言与普通话共有的句式。

通过这些介绍,可以发现,进行调查的1995年,正是中国城市化进程高速发展的时期。在社会关系未完全建立的中小学生阶段,只使用方言并没有带来不便。但是随着进入大学生活,面对不同地区的师生,方言或方言普通话开始不能满足使用者的生活需要。

城市化发展后,村镇之间的来往变得密切,沟通对象从单一村镇变成多个村镇。为了能够沟通,人们学习对方使用的方言、少数民族族语中的一些常见表达,如数字、人称等,语言能力得到发展,产生了类似"洋泾浜"时期的语言环境。2001年时,有学者对成都话进行了音变研究。结果显示,随着普通话重要性的加强,成都话在普通话影响下出现了向普通话发音靠拢的现象。研究结果还显示,方言(或语言)之间的接触、影响是语言音变的强大动力。它既能解释语音为什么会这样变,又能解释语音为什么会在这个特定的时间变。并且,由于方言(语言)所处地域的政治、经济、文化地位的差别,以及政治措施和教育制度等等因素的影响,它们之间的影响不是平等的、相互的,而基本上是单向的,即在特定历史时期中处于政治、经济、文化中心区域的方言(或语言)对其余地区的方言(或语言)的影响和同化。

城市化进一步发展,城市之间开始产生交流,跨民族、跨方言的沟通成为生活的一部分,交流对象也不再限制于少数方言、单个民族,人们在原有的语言能力之上开始使用普通话。

2010年,对苏州年轻一代进行调查的研究结果表明,作为国家通用语言的普通话,在和苏州话竞争年轻一代的过程中,其优势地位已经基本确立。具体表现为:在母语习得上,接近一半的苏州本地学生从小就习得了普通话;在家庭领域,普通话已经成为部分苏州当地人的家庭主要使用语言,尤其是在家长接受过高等教育和处于社会中上层的家庭;在家庭内部交际上,年轻一代使用普通话的比例要明显高于父母辈;在公共场合,普通话的主体地位已经基本确立;在语言态度上,年轻一代学生普遍认同普通话的社会地位和实用价值。在对该现象进行分析时,作者也提及城市化进程中人口流动造成的变化:本次学校随机抽样只有54.3%的学生是在苏州出生且他们的父母都是苏州当地人,周围大量的非本地学生使本地学生在日常交往中更多地选择使用普通话以便于交际。

城市化发展到现在,语言环境从最开始的单一语言环境发展到现在多语言、多方言、多少数民族族语杂聚的语言环境,跨城市之间的交流频繁,跨国交流也不在少数,与语言环境相适应,城市居民也需要具备多种语言的能力。人们也因此开始或多或少掌握其他国家的语言。在这样的语言环境下,使用方言、族语变成一种相对亲近的方式,说明双方来自同一地区或民族,并且彼此之间存在认同。部分居住在与出生地不同方言区城市的人也开始学习当地的常见方言,以拉近自己与生活城市之间的联系。

总的来说,语言具有与社会共变的特征。伴随城市化所带来的人口分布和社会结构的变化,语言的社会功能和结构特征也发生着变化。有学者对南京暂住人口率和普通话使用率进行定量分析研究,发现来宁流动人口越多,普通话在公共场合中的使用率就越高。作为流动人口指标的暂住人口登记每增长1‰,公共场合普通话的使用率就会上升2.3‰。

城市化进程中,人口大量流动,城乡、城市之间产生大批移民,在最初的沟通问题中迸发出语言变化,个人和群体、社会和文化的认同都在发生改变。可以说,城市化引发了社会语言环境变化,也成为推动变化最强大的社会动力。

1.5 城市化改变了语言的关系

情景演示:

马阿呷是四川凉山州昭觉县的一名幼儿教师,今年参加了教育部组织的52个未摘帽贫困县教师国家通用语言文字能力提升在线示范培训项目。

首都北京与新疆阿克陶县,相距4000多公里,今年7月起,推普扶贫活动将两地的老师们连在一起。阿克陶县玉麦乡教育学区的老师们感叹:"相距8000里的牵手,北京的老师给我们细心指导,大大增强了我们学好普通话的信心。"最近的普通话水平测试中,玉麦乡老师们的成绩平均提高了20多分。(引自中国经济网,2020-10-13)

在当前多样化的语言环境中,不免要来谈谈这些相互接触的方言、少数民族语言和普通话的关系。《中华人民共和国国家通用语言文字法》第四条为:公民有学习和使用国家通用语言文字的权利。国家为公民学习和使用国家通用语言文字提供条件。地方各级人民政府及其有关部门应当采取措施,推广普通话和推行规范汉字。

第五条为:国家通用语言文字的使用应当有利于维护国家主权和民族尊严,有利于国家统一和民族团结,有利于社会主义物质文明建设和精神文明建设。

第八条为:各民族都有使用和发展自己的语言文字的自由。少数民族语言文字的使用依据宪法、民族区域自治法及其他法律的有关规定。

第十六条列出,有下列情形的,可以使用方言:(一)国家机关的工作人员执行公务时确需使用的;(二)经国务院广播电视部门或省级广播电视部门批准的播音用语;(三)戏曲、影视等艺术形式中需要使用的;(四)出版、教学、研究中确需使用的。

第十九条列出,凡以普通话作为工作语言的岗位,其工作人员应当具备说普通话的能力。以普通话作为工作语言的播音员、节目主持人和影视话剧演员、教师、国家机关工作人员的普通话水平,应当分别达到国家规定的等级标准;对尚未达到国家规定的普通话等级标准的,分别情况进行培训。

从上面几条法规可以发现,普通话作为我国通用语,作为日常语言的使用主体被推广和规范。但第八条、第十六条规定也明确表明,在生活中使用方言、少数民族语言是不受限制,受到法规认可和保障的。

从语言学视角来看,各个语言(包括方言、少数民族语言)没有高低之分,都是作为日常沟通的媒介存在的。从这个角度上,我们可以认为它们保持平等关系,但在实际社会中,各国语言,我国的普通话、方言、民族语言,它们之间存在着一种社会声望的差异。

这种社会声望的差异是在各个因素影响下综合形成的。

首先是城市化带来的使用空间变化。从前,方言、少数民族语言是日常生活中的首要选择,在同一语言环境下,这是沟通效率最高、使用最方便的最佳选项,人们较少使用或不会使用其他方言、民族语言。因此,方言、少数民族语言在人们心中自然占有更高的社会声望。可是,正如前文所说,我们的语言环境发生了改变,语言的使用自然也就不如从前单一。

当普通话成为我们与其他乡镇、城市沟通的第一选择,甚至唯一选择时,社会对普通话的重视程度便提高了,学会普通话带来的是更多、更广的沟通机会,是改变自身社会阶层的优势。社会开始认为,说着一口流利的普通话比流利的方言拥有更多选择机会,此时,普通话与方言、少数民族语言的关系就开始产生变化。随着普通话使用范围越来越广,方言、少数民族语言主要在家庭中使用,普通话在社会中的声望也就越来越高。方言、少数民族语言在沟通中从主要职责变为辅助沟通、强调关系的辅助职责。也就是说,语言是社会的产物。城市化所带来的社会结构和社会关系的变化,必然会引起语言的变化。城市居民为了更好地适应城市生活而在语言行为方面所做出的调整和变化,我们称为语言适应行为。

2012年,王玲在合肥科学岛与南京进行居民语言能力的调查。合肥地区,在238份有效问卷中,合肥本地居民占30%,外来移民占70%。具有双语(普通话、合肥话或普通话、外地话)或多语言能力(普通话、合肥话、外地话)的有210人,占总数的88.2%;只掌握一种语码的有28人,占总数的11.8%。南京地区,在277名被调查者中,南京本地居民占40.1%,外来移民占40.8%,南京郊县的占19.1%。具有双语(普通话、南京话或普通话、外地话)或多语言能力(普通话、南京话、外地话)的有153人,占55.2%;只掌握一种语码的有124人,占44.8%。

对比从前,不难发现现在的城市居民交际语码多元化的趋势日益明显。在"最先掌握的语码"中,两地居民都是单一语码者占主流,而且掌握的语码多是家乡话;现在两地具备多语能力的居民数量明显增加。而且,跟幼年时代最先掌握语码的情况相比,现阶段掌握普通话这一语码的人数提高幅度最大;地区强势方言位列第二。

同一研究中,对居民选用语码的社会场合进行调查。结果发现:不管是合肥还是南京,居民家庭语码使用率最高的都是所在城市的强势方言,其次为外地话和普通话。在合肥科学岛城市强势方言是合肥话,使用率为44.5%;在南京为南京话,使用率为47.3%。单位用语中,两个城市使用率最高的都是普通话,合肥的普通话使用率为86.1%,南京略低,但也超过了50%;其次为所在城市强势方言和外地话。

空间变化是普通话、方言、少数民族语言关系变化最主要的一个影响因素,也是中国社会整体判断不同方言、民族语言社会声望高低的主要依据。

此外,从部分地区、群体的角度出发,还有其他影响因素会对特定方言、民族语言的社会声望产生影响。比如,身份认同也影响不同方言、民族语言的社会声望。在一些城市化进程速度较快的地区,身份认同的冲突可能对居民带来比较大的冲击,如2010年广东地区曾出现为反对将粤语节目用普通话播放的"捍卫粤语事件"等等。

1.6 城市化改变了语言使用者

> **情景演示:**
> 张三:李四,听说你会说上海话?
> 李四:简单沟通的家庭用语是可以的。
> 张三:可你不是上海人呀?
> 李四:我妈妈是上海人。
> 张三:那你也会本地方言?

在城市化前,人们的交流沟通所使用的方言、少数民族语言并不丰富,接触外界的机会相对较少,对于自己的方言、少数民族语言的敏感度不高。在城市化的当下,接触的人变多,出身就成为人们社会关系的一种维系方式,尤其生活在不同方言区时,人们更容易对熟悉的事物产生亲切感,也就更容易在意到对方的方言、少数民族语言或是使用普通话中带有的口音。但必须注意的是,各地都在城市化的过程中选择了社会声望更高的普通话,因此在对城市产生认同的时候并不一定会对当地方言产生认同。比如,在上海市的研究发现,农民工子女在情感上要比父辈农民工更认同普通话,但对老家话的认同则明显不及父辈。对于当地方言上海话,农民工子女的语言态度与父辈农民工相比没有太大的改善,仍旧对上海话没有多少情感上的认同,甚至降低了对上海话地位和实用性的认可。

使用层面上,如同随着中国国际地位的提高,中文的国际声望提高,学习中文的外国人也增加了一样,我们也普遍对国际第一通用语言英语的认同较高。而部分方言的使用者早期移民较多,使得该方言在使用范围上更广泛,如广东话在部分唐人街使用程度较高、福建话在一些东南亚国家可以彼此沟通。当这些海外使用者群体数量多且集中在比较富裕的国家或地区时,也可能影响该方言的认同度。这一现象主要发生在城市化初期,随着中国整体地位的提升而淡化。

就像以上所提到的几个因素会受到外在影响发生改变,方言、少数民族语言的社会声望也一样,它是一种受社会影响发生变化的、具有群体性和个人性的综合性评价。因此,现实生活中,城市化还是改变了方言、少数民族语言的关系,以及它们的功能作用。城市化对语言使用者的影响主要涉及他们的语言态度、语言认同和语言使用行为等,语言使用者在这些方面的改变又会影响他们语言的使用。

"认同"译自英文 identity,产生自哲学领域。"认同"的概念非常复杂,不同的学者常从不同的角度使用这一概念。在语言研究领域,认同指的是个人与社会单位之间确立的一种不断变化的协议(the active negotiation),这种协议是通过语言和别的符号形式来发出信号的。语言行为其实就是认同行为。社会语言学中说话人设计理论(speaker design)认为,语言行为不仅仅被看作灵活的现象,而且被看作积极创造表现和重造说话人认同的一种资源。

语言态度涉及"好听""亲切""有用"和"身份"四个维度,其中前两个维度是对语言的情感评价,后两个维度是对语言的功利性评价,这四个维度可以从语言态度方面反映出一个人对语言的认同情况。

目前,中国社会上,普通话的社会声望较高,选择普通话作为自身语码的人也变多了,这是因为人们对普通话的认同度提升,进而改变了人们的语言使用行为。

刘虹曾经基于认同理论研究社会语言现象,以大连人对普通话的态度为插入点,发现不同社会身份的人在语音变项的选择上存在着差异。

在同一研究中,作者发现不同职业、文化程度、年龄、性别均会影响人们对大连话的态度。简单概括,对普通话的认同存在这样的情况:干部和知识分子对普通话认同度最高;文化程度越高对普通话认同度越高;年龄上,40岁以下的人,年龄越大对普通话认同程度越高,而40岁以上的人则是年龄越大认同程度越低;性别上,男性对于普通话的认同程度高于女性。

对此,研究也给出了相应的解释。职业上,干部、知识分子的社会流动率大,接触外地人的机会多;文化程度上,学历较高的调查对象在学习生活中遇到外地人的比例更大,而学历较低的(如中小学教育程度)则相对以本地人为主;年龄上,40岁分界线是因为40岁以上的人大多数没有或很少在学校受过普通话教学的训练,40岁以下的人,年龄越大比例越高,是因为语言态度这种社会价值观念随着年龄的增长而得到加强;性别差异则是因为在我国男性的社会活动范围大于女性。

近年来,中国城市化突飞猛进,国际社会看到中国的发展潜力,中国城市中也出现了因为工作、姻亲、生活向往等原因移居中国的外国移民。因此,对于语言态度的调查,也就不只局限在本国人对于方言普通话的态度上,也有对在中国的外国人进行调查的研究。

俞玮奇在上海浦东国际社区进行了调查研究,结果显示,国际社区外籍人员的工作和公共语言生活是以英语为主,其他外语主要局限在非英语国家外籍人员的家庭或媒体领域,汉语在外籍人员的公共交际中只是辅助性工具。这说明汉语在这些外籍人员社区内的日常生活中,占比没有英语多。但在语言态度上,上海浦东碧云国际社区外籍人员对汉语评价最高的是其有用性(4.60),其次是社会声望(3.93),最低的是亲切程度(3.47);对英语评价最高的是其社会声望(4.06),其次才是有用性(3.97)和亲切性(3.95)。也就是说,尽管生活在可以使用英语进行沟通的社区,外籍人员仍然意识到汉语的实用价值。

与从前相比,语言使用者变得更多种多样了。"哪里人讲哪里话"的传统认知也受到冲击。人们使用的方言、少数民族语言可能与自己的出生地毫无关联,一些外地家庭在新城市定居的第二代、第三代虽然土生土长,与当地方言、少数民族语言完全没有联系也是常有的事情。

城市化改变了语言使用者的语言背景,还改变了语言使用者掌握的语言能力。在当下,使用者大多具有比城市化前的居民更多的语言能力,掌握了不同的语言,包括普通话、方言、外国语言等等。

结合这几个方面,我们可以明确感受到城市化对语言生活的改变。在研究方言、少数民族语言的时候,我们要时刻注意保持自己开放的语言意识,并尽可能提高平均语言能力。城市语言调查也是作为其中重要的一环,为国家语言安全和记录、保存城市化过程的语言生活变化尽力,在充分理解的基础上尝试解决问题。

【练习】

1. 和不同方言区的同学组成一个小组,试试只用自己的方言或少数民族语言沟通,记录将一件事讲清楚需要多少时间。在小组体验后,谈谈普通话的重要性,讨论对于普通话我们应该保持什么态度。

2. 请调查你所在地区的居民,请他们谈一谈对自己的方言、普通话的看法,并了解一下他们什么时候会说方言、什么时候会说普通话。根据这些数据,看看你能有什么有趣的发现。

参考文献

[1] 方创琳.中国新型城镇化高质量发展的规律性与重点方向[J].地理研究,2019,38(1):13-22.

[2] 顾强,章钊铭.从城市化到城市治理:晚清时期中国城市发展的历史逻辑[J].城市学刊,2020,41(4):71-77.

[3] 赫宝祺."推力—拉力"作用下的农民工流动[J].长春市委党校学报,2010(3):39-42.

[4] 纪芳.城乡家庭:城市化进程中城郊农民的家庭结构转型[J].人口与社会,2020,36(2):78-89.

[5] 李宇明.论语言生活的层级[J].语言教学与研究,2012(5):1-10.

[6] 李宇明.语言生活与语言生活研究[J].语言战略研究,2016,1(3):15-23.

[7] 刘虹.语言态度对语言使用和语言变化的影响[J].语言文字应用,1993(3):93-102.

[8] 刘夏阳.中国普及普通话现状分析[J].中国人民大学学报,1999(6):104-107.

[9] 刘艳.农业转移人口子女语言状况与城市融合——以合肥市调查为例[J].安徽农业大学学报(社会科学版),2020,29(2):86-93.

[10] 陆学艺.当代中国社会阶层研究报告[M].北京:社会科学文献出版社,2002:8-23.转引自:马磊.我国社会阶层分化的现状与治理关键[J].湖南行政学院学报,2019(5):38-46.

[11] 孟祥林.中国特色的城市化:历史变迁、影响因素及道路选择[J].中国发展,2007(3):118-121.

[12] 齐云晴.从乡土到城乡:一个农民城市化的社会学案例研究[D].北京:中国社会科学院研究生院,2020.

[13] 邱国玉,张晓楠.21世纪中国的城市化特点及其生态环境挑战[J].地球科学进展,2019,34(6):640-649.

[14] 沙平.论母语方言对共同语学习的影响[J].福建师范大学学报(哲学社会科学版),1995(1):79-85.

[15] 孙德平.语言认同与语言变化:江汉油田语言调查[J].语言文

字应用,2011(1):27-37.

[16] 孙倩.中国城市化的特征与未来趋势——评《中国的城市化功能定位、模式选择与发展趋势》[J].广东财经大学学报,2020,35(5):115.

[17] 孙全胜.中国城市化道路的独特模式和动力机制[J].中共宁波市委党校学报,2020,42(4):121-128.

[18] 王前福,王艳.世界城市化研究[J].西北人口,2002(2):60-62.

[19] 王玲.言语社区内的语言认同与语言使用——以厦门、南京、阜阳三个"言语社区"为例[J].南京社会科学,2009(2):124-130.

[20] 王玲.城市化进程中本地居民和外来移民的语言适应行为研究——以合肥、南京和北京三地为例[J].语言文字应用,2012(1):75-84.

[21] 王玲.身份认同与儿化使用——以北京儿化为例[J].暨南学报(哲学社会科学版),2014,36(3):116-121.

[22] 王玲.城市语言环境的变化与语言安全——以广州"粤语事件"为例[J].语言政策与规划研究,2015,2(1):30-36,86.

[23] 徐大明,王玲.城市语言调查[J].浙江大学学报(人文社会科学版),2010,40(6):134-140.

[24] 俞玮奇.普通话的推广与苏州方言的保持——苏州市中小学生语言生活状况调查[J].语言文字应用,2010(3):60-69.

[25] 俞玮奇.上海农民工子女的城市语言生活融入趋势与代际差异研究[J].语言学研究,2018(1):145-155.

[26] 俞玮奇,马蔡宇.上海浦东国际社区的语言生活调查研究——兼论社区语言规划[J].云南师范大学学报(哲学社会科学版),2018,50(6):25-31.

[27] 张璟玮,徐大明.人口流动与普通话普及[J].语言文字应用,2008(3):43-52.

[28] 周及徐.20世纪成都话音变研究——成都话在普通话影响下的语音变化及规律[J].四川师范大学学报(社会科学版),2001(4):47-59.

[29] 周肖.1949—1957年间农民进城问题的历史考察[J].江汉论坛,2016(10):98-105.

第二章　城市语言调查与社会语言学、方言学

本章要点

1. 城市语言调查与社会语言学的关系。
2. 城市语言调查与方言学的关系。

前面我们已经初步了解城市语言调查产生的社会现实背景、城市语言调查的研究对象"语言生活"以及语言生活的变化等内容。接下来,作为背景介绍的另一部分,本章会讲述城市语言调查与社会语言学,还有与非常相似的、同样以调查为主的方言学之间的关系。了解清楚城市语言调查、社会语言学与方言学的关系,有利于我们未来更好地观察语言现象、寻找课题、确定研究方法等。尽管学科有明确划分,我们进行城市语言调查时并不一定要局限在某一研究方法,对于能够完善调查的研究方法,我们要有依据地借用,这样能够增加语言调查的活力。

首先,为了更好地了解社会语言学在语言学学科的突破性,我们必须先了解语言学的学派差异和主要理论。在进行城市语言调查时,拥有的语言学背景越扎实,越能够明确调查的根本目的。

第二章　城市语言调查与社会语言学、方言学

情景演示：

"他能流利地说西班牙语。"

基于这个句子，一类问题是：这句话的句子结构应该怎么分析？下图显示了可能的答案。

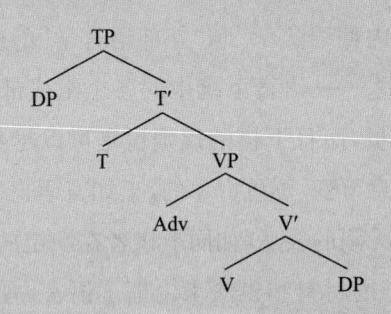

```
            TP
          /    \
        DP      T'
              /    \
             T      VP
                  /    \
                Adv     V'
                      /    \
                     V      DP
```

另一类问题是：这句话中的主人公是谁？他的社会角色是什么？他属于哪一个言语社区？这个社区中通行的语言是西班牙语吗？……

语言学是研究语言的科学，但根据不同的研究对象，可分为不同流派。流派之间有什么差异？上面的情景演示就展示了不同的语言学流派面对同一个语言现象时不同的切入点。接下来，我们将举例介绍主要的语言学流派。

从语言学史来看，语言学的主要流派有结构主义语言学、生成语言学、社会语言学等。瑞士语言学家索绪尔（F. de Saussure）是现代语言学的创始人和奠基人，号称"现代语言学之父"。他最大的贡献是开始真正关注"语言"，明确提出语言学是为语言、就语言而研究语言。而且根据他的研究，我们才知道，语言还可再次区分，可以分为语言和言语。你知道什么是语言、什么是言语吗？根据索绪尔的解释，语言指的是抽象的语言系统，后者是具体的个人说话。举例来说，我们脑海中汉语的语音、句法、词汇等各种概念属于语言范畴，而实际说出来的"我正在使用汉语"这句话则属于言语范畴。

根据研究对象的不同，索绪尔又把语言学分为"内部语言学"和"外部语言学"，"内部语言学"研究语言系统的内部结构，"外部语言学"则将地理因素、社会因素和语言结合起来研究，希望从人类学、社会学等社会学科的视角研究语言。

在索绪尔的著作《普通语言学教程》中，以下棋为例解释了"语言"和"言语"的区别、"内部语言学"和"外部语言学"的区别。前者涉及有限性和无限性的关系——语言系统中的各个组成部分是有限的，正如棋子只有固定的数量，而且下棋的规则也是可以尽数列出的。但实际上棋局的走法是瞬息万变、不可穷尽的，正如言语也是无限的。语言用有限的形式组合成无限的表达，如同下棋者在一定的规则内推陈出新。之后，索绪尔用棋子的材料和棋法来论证了语言内部和语言外部的问题。他指出："语言是一个系统，它只知道自己固有的秩序。这跟国际象棋相比有很大的相似性。在这里，要区别什么是外部的，什么是内部的，是比较容易的：国际象棋的流传路径是外部的事实；反之，一切与系统和规则有关的都是内部的。例如，我把木头的棋子换成象牙的棋子，这种改变对于系统是无关紧要的，但是假如我减少或增加了棋子的数目，那么这种改变就会深深地影响到棋法。"

可以说，结构主义语言学属于内部语言学，它们主要研究语言自身的结构，不在意语言在社会各个场景的用处。而社会语言学与之相反，看重语言本体之外的社会因素，研究社会中实际的语言应用情况。比起结构主义语言学，社会语言学的研究重心明显偏向"言语"而不仅是"语言"，因此，社会语言学是一种"外部语言学"。比起结构主义语言学对语言的抽象研究，我们更能感受到社会语言学对语言使用者的重视。不过，社会语言学的创始人拉波夫（William Labov）也曾说过，社会语言学也是语言学，只不过是偏重于关注"社会环境中使用的语言"，是一种"现实社会的语言学"。

20世纪，语言学取得了非凡的学科进展，并产生了几个具有影响力的学派。

2.1 结构主义语言学

> **情景演示：**
> 张三：李四！这本书你看完了吗？
> 李四：我早看完了，看了三天了。
> 张三：唉，我看了三天了，还没看完。
> 这个对话中，"看了三天了"为什么可以表达不同的意思？结构主义语言学认为，同样的结构可能承载着不同的语义特征。

结构主义语言学中影响力最大的是以布龙菲尔德（L. Bloomfield）为代表的美国结构主义语言学派。19世纪时，各类学科都受到进化论的巨大影响，开始重视保留记录。语言学同样如此，美国的语言学家面临印第安土著语言逐渐消失的现状，都认为应该采取一定措施，希望能够留下相关记录。此时的美国语言学，追求尽可能真实地描写记录印第安土著语言，为描写主义语言学提供了土壤。此时的美国语言学家放弃套用印欧语系的语法体系，而是开始认为每一种语言都具有自己的语法体系。同时期，索绪尔的《普通语言学教程》面世，为描写主义语言学的诞生提供了大量理论基础。

1933年，布龙菲尔德的《语言论》出版发行，这标志着美国结构主义语言学的正式诞生。在此后的时间里，一大批美国语言学家致力于对布氏的理论和操作方法进一步发展和完善，并最终使得美国结构主义语言学在20世纪四五十年代达到了一统天下的局面。

布龙菲尔德摆脱此前语言学模棱两可的写作风格，在对语言的描写上带有科学的严谨态度。同时，本书提供了大量理论、研究方法，为记录印第安土著语言作出贡献，也成为学派中的重要理论支持来源。

结构主义语言学学派对语言的态度是面对语言描写语言，但不为其做规范。

结构主义语法认为语言首先是言语，所以在语言研究中以说话者的真实话语为研究对象。受索绪尔的影响，结构主义语法认为语言是一个任意的形式系统。语言符号的形式与意义之间是约定俗成的关系。语言项目以一定的方式组合起来形成句子，因而语言学家的任务就是描述这种系统，但忽视对语义的描述。同时，结构主义语言学家认为语言是用来交际的，但事实上这一点在其理论中并没有得到体现，只不过在语言研究中他们的分析材料都来自真实话语使用者。

结构主义语言学诞生之际，是描写记录印第安土著语言的重要时期，当时的社会需求也最终影响语言学家主要使用什么研究方法。在研究语言的时候，结构主义语言学家较常使用的描写、分类、归纳的方式，方便进行系统的语言记录，并在大量的语料下得出客观的结论。

接下来，我们从实际例子中来看结构主义语言学视角下，语言学研究是怎么进行的。

无论在实际交际中还是在语文考试中，歧义句都是令人苦恼的存在。这一类句子的共同特点是表意上的模糊性和多样性，而句法学家在结构主义语言学的指导下将歧义句分为以下几种不同的类型。此处的引文和解释援引自曹炜的学术论文集。

第一种类型为 N+V 式，涉及句子主体到底是施动者还是受益者的问题。请看以下例子：

（1）他已经包扎了。

第二种类型为 N+V+O 式，是施动格与受益格歧义的另一种句型。

（2）李厂长赏了五百块。

（3）我检查了心肺。

例句（2）有两种解释，既可以是李厂长赏了下属五百块，也可以是李厂长被赏了五百块。例句（3）也是一样，"我"既可以是患者，也可以是医生。

第三种类型为 N_1+N_2+V，同样涉及施动格与受益格歧义。

(4) 小陈我还了。

这种对于歧义句的概括分类，是很典型的结构语言学的做法。与之相关的还有一系列分析语言结构的方法，比如说用变换分析法来拆解歧义句。

变换是语言使用中的常见现象，我们常会遇到一些样子有些不同、但是意思完全一致的句子：

(5) 你去演唱会了吗？

(6) 演唱会你去了吗？

在意义不变的情况下变换句子的结构，变换前后句子都由同一组实词构成的方法就是变换分析法。变换分析法首先可以解决一些歧义短语，比如短语"热爱人民的军队"可以被变换为以下两种样子：

(7) 热爱人民的军队→我们热爱人民的军队→人民的军队被（受到）热爱

(8) 热爱人民的军队→一支热爱人民的军队→(这支)军队热爱人民

也就是说，这个本来是定中结构的短语，可以转换为另一种表示被动的偏正短语和表示主动的主谓短语。

"三个报社的记者和编辑"也是一个乍看没什么问题但实际上有歧义的短语，它可以被变换成以下两个例子：

(9) 来自三个报社的记者和编辑

(10) 三个来自报社的记者和编辑

通过变换添加的成分，我们就可以区分出一个歧义短语的不同例子。

变换分析法还可以用来分析歧义句，一个经典的例子是"台上＋V＋着＋N"结构。

(11) 台上坐着主席团。

(12) 台上唱着戏。

(13) 台上摆着席。

这三个句子的结构有什么区别？这是一个再平常不过的结构，我们通常不能发现其中暗藏的玄机。不过，变换分析法为我们提供了解密的机会。过程是这样的，例句(11)可以被变换为"主席团坐在台上"，不能被变换为"台上正在坐主席团"。而例句(12)正相反，可以变换为"台上正在唱戏"，不能被变换为"戏唱在台上"。唯有例句(13)既可以被变换为"席摆在台上"，又可以变换为"台上正在摆席"。通过一系列变换和比较，我们不仅发现例句(13)具有歧义，而且发现这三个看似结构一样的句子并不相同。

像这样分析和解读语言结构的学派可以被称为结构主义语言学，不过，结构主义语言学带给我们的远不止上述的例子，它是一门源远流长且底蕴深厚的学问。

2.2　生成语言学

> **情景演示：**
>
> 我们的大脑中是如何生成语言的？
>
> 学习数学的时候，公式能够带入不同数值；学习哲学的时候，我们判断一个问题的真假值……那么，语言在我们的大脑中，是否也能够以高度抽象化的方式分析？

20世纪60年代，以乔姆斯基（Avram Noam Chomsky）为代表的生成语言学开始兴起并逐渐发展壮大起来。当时，乔姆斯基发现结构主义语言学因为在研究中从语音开始，最后才到句法层面，导致句法层研究较少。同时，对于一些语言本质和语言现象，结构主义语言学并没有给出足够的解释。乔姆斯基根据自己的研究，提出新的理论，认为存在一种适用于所有语言的普遍语法，人们根据有限的句法规则生成无限的句子。这一理论又称为转换生成语法（Transformational-Generative

Grammar,简称为 TG 语法)。

1957年,美国语言学家乔姆斯基出版了《句法结构》(Syntactic Structure),他的理论建立在理性主义的哲学基础上,不同于建立在经验主义基础之上的美国结构主义,被认为是语言学历史上的重大革命。在乔姆斯基看来,普遍语法是一组特征、原理、条件及人类大脑初始状态的规则体系的集合,构成了人类语言发展的基础,具有重要的研究意义。

在这个理论基础上,生成语言学派强调天生的语言能力(competence),关心的是完全统一的语言社团内的理想的说话者、听话者。所谓理想的说话者、听话者,是指在实际运用语言知识进行言语时,不受到与语法无关的条件影响的人。简单来说,记忆力、注意力、外界的种种因素不对理想的说话者、听话者产生影响。比起历时语言现象,他们的关注点更侧重共时的语言现象。基于这个理论,生成语法的研究语料是研究者自省得来的,而非社会观察得到的。只要符合语言规则,即使是生活实际交际中不存在的句子也可以作为研究对象。

与结构主义语言学描写语言的目的不同,生成语言学派的目的是要发现说话者所默认的语言规则体系。一是要确切地描述人的语言能力,并解释语言生成和理解过程中的认知及心理过程;二是要发现人脑的初始状态,解释大脑中内在的语法规则,形成有关儿童语言习得的理论,并最终发现人类大脑的本质。

生成语言学最常使用的研究方法是假设—演绎法,他们认为就如数学中一个定义下能有无数实际例子一样,各种语言都可以是普遍语法定义下的实例。这个学派对于语言学家的内省研究也十分重视,认为这是一种具有权威性的方法。

乔姆斯基试图寻找一种模式化的语言生物程序。他的生成语法是一套生成机制,一套天赋的规则系统。这套规则系统呈现模块化倾向,即七个语言机制子模块化理论:X 杠杆理论模块、论元理论模块、管辖理论模块、约束理论模块、移位理论模块、格理论模块和界限理论模块。每个模块交互作用,以确保生成合法的句子。

生成语言学的内容非常庞杂而艰深，在这里我们只简单介绍一下。通常谈到生成，最先想到的就是"画树"。这里的"画树"不是用画笔描绘树这种植物，而是用树状图的形式展示并分析句子结构，这种呈现方式十分直观：

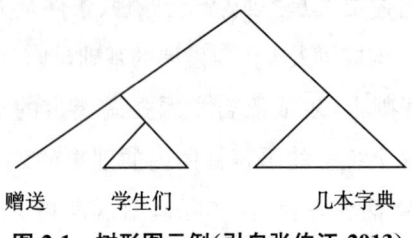

赠送　　学生们　　　　几本字典
图 2.1　树形图示例（引自张伯江 2013）

上面的树形图显示了动词"赠送"和它的补足语之间的关系以及二者的不同。不过，这种树形图没办法标注语类，无法应对更为复杂的句法语义分析，所以，学者们更倾向于使用有标记的树形图。树图中的若干个点被称为"节点"（node），不同层次的节点有不同的性质。在下面这个例子中，VP 和 NP 是短语节点，V、N、Possessor 是词汇节点。较高位置的 VP 统制下面的节点 V 和 NP，而 NP 又统制 Possessor 和 N。

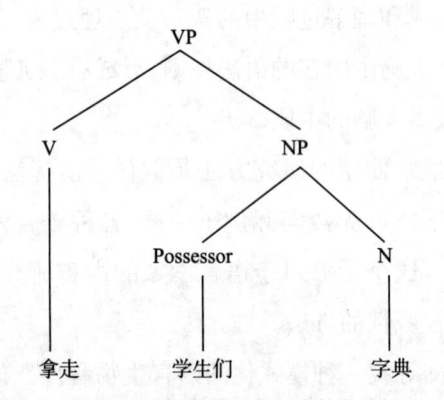

```
        VP
       /  \
      V    NP
            / \
       Possessor  N
       
  拿走   学生们   字典
```
图 2.2　有标记树形图的示例（引自张伯江 2013）

由于这种抽象分析方法带来的程式化和演算的便利性，生成语法被广泛运用于自然语言处理中。自然语言中的句法树同样遵从固定的句法规则，以句子"I saw a boy"为例，其句法树和规则如图 2.3 所示：

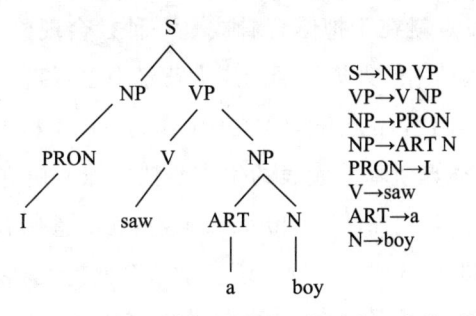

```
        S
       / \
      NP  VP              S→NP VP
      |   /\              VP→V NP
    PRON V  NP            NP→PRON
     |   |  /\            NP→ART N
     I  saw ART N         PRON→I
            |  |          V→saw
            a boy         ART→a
                          N→boy
```

图 2.3 "I saw a boy"的句法树和语法规则（引自王小捷，常宝宝 2002）

2.3 社会语言学

如果说生成语法强调的是天生的语言能力，那么，社会语言学派强调的则是后天获得而非先天具备的交际能力（communication competence）。20 世纪 60 年代，美国拉波夫的社会语言学理论对于当时聚焦内部的语言学界来说，无疑是巨大的革新理论。社会语言学将语言的研究重点从语言能力转向现实社会中的人在日常生活中如何使用语言，看重语言运用。

那么，与其他学派充满差异的社会语言学是在什么环境下诞生的呢？从学科名我们就已经能够对学科的研究方向有个简单猜测。正如你所想的那样，社会语言学是在社会学和语言学交叉结合后产生的学科，社会学和语言学交叉结合后，形成了两个学科方向：其一是从语言的社会性出发，借社会学方法研究语言，通过社会的角度解释语言现象，这一部分就是 social linguistics，社会语言学，是一个复合词，由社会学 sociology 和语言学 linguistics 组成；其二是从语言现象来解释社会现象及其演变发展的过程，这一部分属于 sociology of language，又称语言社会学。尽管学科名看似相似，两者的主要研究对象和方式却存在不同的侧重点，关注的现象也不同。简而言之，一个是从社会研究语言，另一个则是从语言研究社会。社会语言学是将语言学理论实际应用的一种社会科学，对整个语言学学科来说也具有十分重要的意义。

其最基本的出发点就在于把语言看成是一种社会现象,主张把语言放到其得以产生和运用的人类社会的广大背景中去研究和考察。

20世纪60年代,社会语言学在美国作为一门学科诞生。在当时的语言学界中,以乔姆斯基为代表的生成语法学派是研究主流。普遍语法过分强调语言的"同一性"(homogeneity),到了忽视语言实际使用的地步,陷入极端的形式研究。部分语言学家对此持反对态度,并开始寻找新的学术方向。就是在这样的学术生态下,社会语言学诞生了。1964年,多个语言学家编辑、发表论文,同年的美国暑期语言学讲习班上,与会专家们一致赞同将这个新的学科命名为"社会语言学"。至此,语言学界被注入了新的生命力。早期的社会语言学主要是以拉波夫为代表的变异学派,或者称为变异社会语言学。

此外,还有以海姆斯等人为首的言语民俗学(the ethnography of speaking),另有一称为言语交际民俗学(the ethnography of communication),主要是将环境和场景、参与者、目标和效果、行为连锁、语调和风格、手段、行为规范、言语体裁视为构成要素,归纳言语行为或言语事件的民族文化特征,再从中归纳普遍规律。

城市语言调查中也会涉及一些语言变异的研究,主要是城市进程中,随着社会环境的变化,出现了较多的语言变异现象。

后来又发展出互动社会语言学。互动社会语言学是20世纪七八十年代兴起于西方语言学界的一个流派。其特点是用语言学的知识解释人际交往的过程和结果。与早期社会语言学偏重于变异、变项和变体研究不同,互动社会语言学把交际过程与交际双方的社会文化背景的相互影响作为最主要的任务。在研究所采用的基本材料方面,互动社会语言学家借鉴了话语分析(CA)中的一些做法,特别关注人与人之间的自然的谈话,其研究成果对人们的实际交际有着重要的指导意义。其代表人物有高夫曼(Goffman)、布朗(Brown)、坦嫩(Tannen)。互动社会语言学的一些成果,为城市语言调查研究提供了一些理论支撑。

社会语言学以研究对象为区分,可以分为广义社会语言学及狭义社会语言学。狭义社会语言学一般指的是以拉波夫为代表的变异学派；广义社会语言学又称宏观社会语言学，研究方向很多，具体包括双语或多语现象、语言接触、语言转移、语言维护与传承、语言政策与规划研究等等。

狭义的社会语言学研究聚焦在社会生活实际运用中的各种语言变异现象，目标是描写这些语言变异的特征以及影响语言变异的语言因素或者社会因素等等；狭义的社会语言学以及它的基本理念、研究方法，是社会语言学的精髓所在。随着社会语言学的发展逐渐深入，开始出现更多新方向，我们现在所提及的城市语言调查，可以说是社会语言学的新方向。

城市语言调查中，常常对社会语言学已有的学术成果进行实际应用，在城市语言调查中可以进一步验证理论的适用性。同时，这些理论也可以为初学者寻找课题提供思考方向。我们首先要知道，社会语言学角度的语言并不是一成不变的，"语言变异"（variation），指的就是一个语言现象在实际使用中的话语变化，"变异"可能发生在语音、音位、词汇、语义项目、语法范畴中的任意部分。语言变异的内部原因是语言系统自身某一成分发生变化，如汉语北方方言精尖团音在发展中逐渐不再有使用差异；语言变异的外部原因指的就是社会因素的原因，指的是社会阶层、个人语言特点、交际场合的不同所产生的变异。

情景演示：

以下是不同店家对一位女性顾客的称呼：

店家 A：小姐

店家 B：美女

店家 C：女士

店家 D：小姐姐

……

根据称谓的不同，你觉得哪一家店比较高档？

仅仅是一个称呼，语言背后能够包含多少内容？

当一种语言的各种方言,甚至是某一语音或是句法特征在社会中存在能够划定的分布范围,就可以称为"语言变体"(variety),社会语言学研究的是能辨别社会功能的语言变体。

语言变异学说由拉波夫提出,他的《麻省马萨葡萄园岛一个音变的社会历史》《纽约市英语的社会分化》是社会语言学的语言变异研究中有开创性意义的成功范例。它们具有不可忽略的开创性:其一,研究对象上的开创性——研究性别、年龄、社会阶层差异等社会因素对语言造成的影响。其二,研究理论上的开创性——为了将语言变异的研究具体化,首次提出了语言变项(linguistic variable)的概念;开创了显象时间(apparent time)的研究,即从年龄差异所导致的语言表现中推导出语言变化趋势的研究。其三,研究方法上的开创性——首次将定量分析的研究方法引入语言现象的研究中,科学、客观地揭示了语言变项和社会变项之间的量化关系。

社会语言学研究中,经典的研究是拉波夫的代表性研究——"纽约市英语/r/变异研究"。这篇文章展现了社会语言学与前两个学科风格迥异的研究方式。

英语/r/的国际音标为[ɹ],也叫作齿龈近音。发音时舌尖往上翘,舌尖接近上面的牙齿的根部。/r/音在英语中非常常见,比如说 drain /dreɪn/、spring /sprɪŋ/ 等。英式发音中,如果/r/位于单词中间,且在单音节元音后,/r/不发音,比如说 turn。如果/r/在单词末尾也不发音,比如 other。但是美式发音中的/r/在这两个位置都照常发音。

在当时的纽约,各种口音混杂。拉波夫注意到人们发/r/音时的差异,因此以(r)为调查的语音变素,指在 car, card, four, fourth 等词中元音后的辅音/r/发不发音。拉波夫认为这一差异显示出了当时纽约的社会层次和语体层次——社会分层是社会分化和社会评价的结果,分层的形式体现了社会地位和声望。因此这篇研究总的假设是:假如纽约市本地人中有任何两个集团在社会分层的阶梯上处于高低不同的地位,那么他们在发/r/音上也会表现出相应的体现声望高低的差异。

　　为了在社会分层中找出(r)语音变素的分层,拉波夫在同一个职业集团中寻找调查对象。最后按照商品、价格和款式选择高中低三家级别不同的大百货公司,认为这三家公司的顾客必定来自不同的社会阶层,因此百货商店中的售货员也会表现出类似的分层。

　　最后,研究的调查地点定为高级的第五大街 Saks、中级的 Macy's 和低级的 S. Klein。等级差别是以地址、报刊广告的选择与刊登大小、商品价格等多因素综合判定的。从选址来说,Saks 在十分时髦的商业区中心,与其他名气大的公司并排;Macy's 在先驱广场接近服装区,与价格和名气中等的品牌并排;S. Klein 在联合广场,接近下东区。再来看三者的广告与销售策略。当时的许多调查已经发现《每日新闻》是工人阶级阅读首选,《纽约时报》的读者多是中产阶级,拉波夫对三个百货公司1962年10月24日到27日在这两个报纸的广告进行数量统计,结果发现 Saks 总广告数仅有两页,且只刊登在《纽约时报》;Macy's 广告数量最多,在《纽约时报》刊登6页,《每日新闻》有15页;S. Klein 的广告集中在《每日新闻》,有10页,《纽约时报》刊登仅有四分之一页。价格上,以女士大衣为例,Saks 要价90美元,S. Klein 则只要23美元。且三者在广告中采用不同策略展示价格,Saks 不提及或是仅以小字在页末标明价格;S. Klein 着重标出价格即可;Macy's 则以大号字体标价并附加"物美价廉"的标语。定价上,Saks 以整数定价,S. Klein 以接近整数的方式定价(如49.95美元),Macy's 则用整数标折后价格,并在旁边用接近整数的方式标注高昂原价。基于三家百货公司社会阶层的不同,拉波夫预测高级的 Saks 中的售货员会表现出(r)的最高值,低级的 S. Klein 中的售货员会表现出(r)的最低值。

　　那么,怎样确定语言变素(r)的值呢?调查规定,对每个明显收缩的音值,记为(r-1);对每个不收缩非重读央元音、延长元音或者不发音,记为(r-0),存疑的或者部分收缩的发音用 d 表示,不统计在最后的表内。最后统计(r-1)的百分比,就能确定(r)变素的高低。

接下来还需要规定具体的调查事宜,包括调查的对象、具体的地点和调查的方式等。总的来说,拉波夫采用了快速匿名调查法,调查人充当顾客走向调查对象询问某商品部的方位,这个部门在第四层,所以回答总会是"Fourth floor"。调查人在听到这一回答后,会向前略弯身体表示没有听清,请求对方再说一遍。通常对方会重复"Fourth floor"这个答案。第一次发音接近日常发音,随后调查者表示没有听清,使其对调查者用强调语体再回答一次,第二次发音会更贴近发音人心中的标准音,如此一来,就能够获得同一观察对象的随便语体和强调语体。

这个调查有以下独立变项:公司、楼层、性别、年龄(估计数值,以上下五岁为计算单位)、职务、种族、口音(如果有的话)。依存变项就是这四处的/r/音:随便的 fourth floor,强调的 fourth floor。同时观察调查对象说的其他/r/音并记录。

这个方法有效避免了传统调查中,调查对象因正式场面而使用正式语体的情况,更贴近调查对象的生活发音。同时,比起请人员列出名单再随机抽取、约时间会谈再进行区分的传统调查法,这个方法显而易见地节省时间,并能够在短时间内获得足够多且真实的语料,使用这个方法,拉波夫调查了 Saks 的 68 人、Macy's 的 125 人和 S. Klein 的 71 人。整理所得资料可以发现如下结果(见表 2-1)。

表 2-1　三个百货公司/r/音百分数(数据出自拉波夫 1966)

	全部发 r 音	部分发 r 音	不发 r 音
Saks	30%	32%	38%
Macy's	20%	31%	49%
S. Klein	4%	17%	79%

最后,研究数据显示,是否发/r/音存在分层,这个分层的顺序和非语言特征的分层顺序一致。在这个研究中,根据强调语体发/r/音的百

分数还发现，Macy's职员在两种语体中发/r/音的百分数有所提高，多数人认为/r/音更标准，但不是他们目前用得最多，与百货公司的等级分层顺序一致，符合实验最初预期的r变项存在社会阶层差异，发/r/音被视为更标准的发音。而Saks虽然在强调语体中/r/音比例有增加，但两种语体对比变化并不如Macy's职员的明显，是因为Saks职员对自己语言安全感更强，对自己日常使用的发音标准度比较自信。

种族对比发现，黑人较少发/r/音，发/r/音最多的是纽约本地的白人女售货员。文中还根据这次的研究资料，对相关的种族、年龄等也进行对比，发现不同阶层、种族在不同年龄阶段对发/r/音的敏感程度不同，r变项发音状况也不同。

总的来说，研究证明在纽约市存在这样一种社会语言现象，即，社会阶层不同，/r/音的使用状况不同；总体来看，社会地位越高的人，越倾向于发/r/音。

根据拉波夫1966年对纽约市/r/音变量的调查及社会阶层和文体风格变量对/r/音变量的制约的分析，发现社会阶层越高，语体越正式，发/r/音的频率越高。1986年，傅乐的调查得出了基本相同的结论。2006年，拉波夫重新调查，并对其论著《纽约市英语的社会分层》进行改编，分析了性别（gender）、年龄（age）、种族（ethnicity）还有社会阶层（social class）这些社会变量之间的相互作用，增加了代表性样本的确定以及语言不安全感测试（linguistic insecurity tests）等新内容，丰富了调查内容和结果。而贝克尔（2014）的调查，发现年轻人、女性和华人更倾向于发/r/音，并且/r/音的变化趋势增加较慢。/r/音不仅仅会在正式语体中使用，也大量出现在随意文体中，/r/音的使用语域正在逐渐扩大。除此之外，拉波夫、贝克尔等人注意到了语言变量的丰富和发展，对语言变量的制约因素进行了研究分析。

社会语言学中，将社会学概念成功转化的还有我们时常会接触到"言语社区理论"。实际上，社会语言学将社会学的"社区"概念引进后,在两个学科间便有了不同的意义。"社区"在社会学概念中对人口、地域空间、社区活动、社区设施和社区文化等都有规定,但在社会语言学中,言语社区指的是运用相同语言变项、有一定交往密度、且在语言方面有统一认同的常在一起进行言语交集的人群。随着言语社区界定的不断深化,言语社区第一、语言第二的原则越来越明确,并占据主流。

对言语社区的定义,目前主流采用甘柏兹的理论。甘柏兹认识到现代社会中民族、文化、语言之间的交叉现象,以及传统的权威系统对人们行为约束力的削弱的情况,提出以交际活动为主要标准的言语社区的定义。甘柏兹(1968)的言语社区的定义成为第一个社会语言学的言语社区的定义,他指出,"凭借共用的语言符号进行常规性互动的人类集合体,并且与其他类似集合体在语言使用上迥然相异的"就是一个"言语社区"。他同时指出:"在一个言语社区中使用的语言变体之所以构成一个系统,是因为这些变体与一套社会规范相关。"比较前人的定义,甘柏兹这里所增加的社会语言学的内容有两方面:(1)言语社区是一个言语互动的环境;(2)作为交际活动的语言运用受到社会规范的制约。换言之,世界上的人之所以能被划分为属于不同的言语社团,主要是因为他们的言语行为受到不同的社会规范的制约。

2.4 城市语言学与社会语言学

城市语言学可以说是社会语言学领域中的新方向,两者又构成了一般与具体的关系。社会语言学需要结合语言的社会环境来研究语言。然而,不同国家的语言社会环境之间会有很大的差异。因此就产生了适应这些不同环境特点的、针对具体语言或特定国家和地区的社会语言学研究。例如,日本的社会语言学研究大部分是结合日本的社会环境研究和分析日语的应用、变化、发展等问题;而中国的社会语言学研究则结合中国的社会环境研究和分析汉语及少数民族语言的应用、变化、发展等问题,并且研究海外华人的语言状况。这些针对具体环境的社会语言学研究不但解决了不同社会中的具体问题,而且,也从不同的角度推动了社会语言学理论的发展。

中国的社会语言学家们,根据中国的社会环境、面向中国的社会现实,逐渐发展出了"城市语言调查"(也称为"城市语言研究")的新研究方向。目前,它已成为中国社会语言学的一个特色,并且得到国际学术界的认可。

社会语言学关注的一些主题,其实在城市语言调查中也会继续研究,只不过由于社会环境的差异,面临的具体问题存在差异。前面介绍了拉波夫对 r 变异的研究。事实上,城市语言调查过程中也常常从变异出发来关注语言生活的变化。比如王玲《城市化进程中本地居民和外来移民的语言适应行为研究——以合肥、南京和北京三地为例》的研究中,也包含语言变异。语言变异调查针对合肥和北京微观的语言适应行为进行,选择的是合肥话中的/i/变项,以及北京话中的(ər)变项。

合肥话中,/i/存在两个变式,是/i/-1=[i],/i/-2=[ɿ],标准变式是前高不圆唇元音[i],非标准变式读成舌尖元音[ɿ]。北京话(ər)变项的标准变式是有儿化,没有出现儿化是非标准变式。

北京话(ər)变项的使用情况利用问卷调查和朗读录音得到,结果如下(见表2-2至表2-4)。

表2-2 北京市问卷儿化使用率($n=80$)(摘自王玲 2012)

	人数	百分比
经常用的	42	52.5
偶尔使用	21	26.3
很少使用	11	13.8
几乎不用	6	7.5

表 2-3 朗读所得的儿化使用情况（$n=48$）（摘自王玲 2012）

朗读中含儿化的词	人数	百分比
5 个以下（约 19% 以下）	11	22.9
6~15 个（约 20%~59%）	27	56.3
16 个以上（约 60% 以上）	10	20.8

表 2-4 本地居民与外来移民的儿化使用情况（$n=80$）（摘自王玲 2012）

使用儿化的频率	本地居民 人数	本地居民 百分比	进京 10 年以上移民 人数	进京 10 年以上移民 百分比	进京 10 年以下移民 人数	进京 10 年以下移民 百分比
经常说	33	56.9	6	46.2	3	33.3
偶尔说	13	22.4	6	46.2	2	22.2
很少说	8	13.8	0	0	3	33.3
几乎不说	4	6.9	1	7.7	1	11.1

结果显示，在北京经常使用儿化的占主流，本地居民经常使用儿化的占 56.9%，进京 10 年以上的外来移民中，经常说儿化的占 46.2%，进京 10 年以下的外来移民中，经常使用儿化的占 33.3%。也就是说，外来移民和本地居民使用趋势一致，主流都是经常说儿化（见表 2-5）。

表 2-5 本地居民与外来移民非儿化词误读情况（$n=80$）（摘自王玲 2012）

误读的非儿化词	本地居民 人数	本地居民 百分比	进京 10 年以上移民 人数	进京 10 年以上移民 百分比	进京 10 年以下移民 人数	进京 10 年以下移民 百分比
天安门	2	3.4	1	7.7	2	22.2
前门	3	5.2	3	23.1	2	22.2
西直门	8	13.8	4	30.8	3	33.3
有头有脸	2	3.4	5	38.5	3	33.3
花花肠子	4	6.9	3	23.1	0	0

在使用儿化时，难免存在误读现象，而研究中显示，本地居民和外来移民误读的情况同样存在。文中特别提到，在朗读语料中，一些来京时间较短的外地人甚至将"每天""这些""天气热"等常用词都儿化了，

听起来很别扭,但访谈结果显示,这是被调查者有意为之,主要原因是这样读才显得"京味儿"十足。

研究合肥/i/变式采用朗读语体的方式(见表2-6)。

表2-6 朗读语体中[ɿ]变式的使用情况($n=60$)(摘自王玲 2012)

含[ɿ]的词 (共25处)	移民		本地	
	人数	百分比	人数	百分比
5个以下	18	64.3	10	35.7
6~15个	6	24.0	19	76.0
16个以上	0	0	7	100

总体来看,合肥本地居民发成非标准变式的词数居多,多数在6个以上,而移民在朗读中更多地使用标准变式。文章对影响[ɿ]变异的社会因素进行了分析。同时结合相关统计数据,讨论了具有显著影响的社会因素。

表2-7 社会因素对发[ɿ]音调的作用力(摘自王玲 2012)

性别		年龄		原居住地		语体	
男	.622	老年组	.549	本地	.698	谈话	.612
女	.361	中青年组	.410	省内	.501	朗读	.302
范围	.261	中小学组	.557	省外	.109	范围	.310
		范围	.147	范围	.589		

从表2-7的数据,作者发现,在不同的社会因素中,"原居住地"对这个变项有很强的制约关系,不同方言背景对将[i]音发成[ɿ]音有很强的制约作用;且年龄也是制约[i]变[ɿ]的重要因素;性别方面,男性发[ɿ]的概率高于女性;语体因素中,谈话体比朗读体更有利于将[i]发成[ɿ]音,朗读体中朗读人则努力向标准音[i]靠拢。

这种差异是什么原因引起的呢?作者认为可能与城市化发展的过程中,居民语言态度的变化有关。因此,作者又进一步调查了不同类型的居民(本地居民和城市化进程中迁入的外来居民)对普通话和方言的语言态度及对微观语言变式的态度。结果发现,北京市区,北京居民中有58.8%的人认为儿化为北京话增添了趣味和特色;47.5%的人认为儿化是北京话的灵魂,是北京话中不可或缺的成分;对儿化的负面评价率仅为16.3%。可见,北京居民对儿化的积极认同感较强,儿化在北京是个高声望的变式。同样的调查也在合肥科学岛开展。结果显示,岛内居民认为[ɿ]音是合肥话不可或缺成分的只占16.7%;认为[ɿ]音为合肥话增添了趣味和特色的也较少,为18.3%;55%的人认为[ɿ]音难听,是合肥话中可有可无的成分。与北京儿化相比,居民对合肥话[ɿ]音的认同感较低,在岛内是个低声望的变式。

在调查本地居民和外地移民的语言态度是否存在差异时发现,在北京,本地居民、居住北京十年以下和十年以上的外来居民均高度认同北京儿化,认为儿化为日常口语增添了趣味和特色的比率都最高;在判定儿化是否为北京话的灵魂时,外来移民认同率远远高于本地居民的认同率。可在合肥科学岛内,不管是本地居民还是外来移民,对[ɿ]音的负面态度居主导地位。本地居民和外来移民认为[ɿ]音难听的比率都很高,人数比率都超过了五成;本地居民和外来移民都只有16.7%的人认为[ɿ]音是合肥话不可或缺的成分。

文章对以上研究下了结论:北京地区的居民倾向使用儿化,而合肥科学岛居民倾向于回避[ɿ]音,主要原因是对两种变式的认同不同。在北京,居民对儿化的积极认同感较强,50%上的人认为儿化好听,是北京话不可或缺的部分;可在合肥,[ɿ]音是个低声望的变式,55%的人认为[ɿ]音难听,是合肥话中可有可无的成分。也就是这样的认同差异,导致北京的外地移民倾向于使用儿化,而合肥居民却避免发出[ɿ]音。

可以发现,这篇文章和拉波夫所做的/r/变异研究有相似之处,但是引起变异的原因是语言认同和语言态度因素,比如对于语言变体和语言变式认同的差异,而不是社会阶层因素。而这个社会因素之所以对语言使用有明显的影响力,还是与中国当前的社会现实密切相关。城市化带来的社会生活的变化,比如普通话主导地位的确立、全国范围内的社会流动、方言与普通话关系的变化等等,对城市的语言使用产生了影响。

这篇文章也涉及城市语言调查另一关注点,就是社会语言学中的"双重语言现象"以及"双层语言现象"。

所谓"双重语言现象"(bilingualism)是在同一言语社区,或是日常生活的不同场合中,人们使用两种或以上的语言或方言沟通的现象,这种现象有时也称为"双语现象"。这一现象是从个人的语言使用能力方面进行判断的。

"双层语言现象"(diglossia)则是指同一人在日常生活中,根据场合不同,使用两种或两种以上不同方言口头表达交流的现象。正如本书第一章所提到的,城市居民在社会场合使用普通话、家庭场合使用方言这一现象,就属于典型的双层语言现象,也可以称为"双言现象"。这一现象则是以语言在社会生活中使用的层次为分别。

这两种语言现象在一个社会中稳定并存,是语言在竞争中发展的结果。

2.5 城市语言学与方言学

细心的读者应该也已经发现,我们在前文中总是提及方言的内容,难道没有专门研究方言的学科吗?这不应该属于方言的学科内容吗?在这里,我们先来讲讲什么是方言学。

方言,一般指一种语言的各种地方变体,也可以称为地域分支,而产生地域分支的原因主要是社会政治和经济的变化。语言学研究中所说的方言一般分为地域方言和社会方言,社会方言是社会内部不同年龄、性别、职业、阶级、阶层的人们在语言使用上表现出来的一些变异,是言语社团的一种标志。日常生活中,我们常说的"打官腔""播音腔""学生腔"就是一种社会方言,而"广东话""闽南话"等就是一种地域方言。地域方言就是方言学的主要研究对象。

> **情景演示：**
>
> 张三：李四，为什么有些南京大学的学生把学校说是"蓝鲸大学"？
>
> 李四：因为以前南京话是不区分[n][l]的发音的，赵元任先生在《南京音系》中就提到过。
>
> 张三：那什么时候开始区分的？
>
> ……
>
> 对以上的问题，方言学能够为我们在学者们的记录中找到答案。

方言是相对于共同语言而言的，在方言分歧的社会里，人们往往会选择一种方言作为"通用语"，用作方言区之间的交际工具。我国古代的"雅言""通语""四方之通语"，以及后来的"官话"都是当时人们给这种通语起的名称。目前，我国的通用语是普通话。

有关方言的研究，在中国已经具有悠久的历史，历史上有记载的进行方言研究的书籍可以追溯到汉代扬雄的《方言》。但中国传统的方言学与现代方言学存在差异，我国传统的方言研究从性质上来说，更偏向语文学（philology），一般是文字或书面语言的研究，将重点放在文献资料的考证上，与现代方言学相比系统性较弱。

对中国方言进行西方语言学概念式的研究是随着19世纪中期传教士们的出现开始的，而真正的中国现代方言学发端，应该追溯到1928年赵元任的《现代吴语的研究》。汉语方言学是20世纪上半叶建立起来的。应该说，一开始它就走着正确的道路——描写和比较相结合。20年代发表的高本汉的《中国音韵学研究》运用历史语言学的方法用多种方言的字音来论证音韵发展过程。中国第一代语言学家则用音韵学的原理进行方言与历史音韵的比较，从而说明方言的特点。赵元任的《中山方言》，罗常培的《厦门音系》《临川音系》都为这种纵向比较做出了示范。30年代之后开展的区域调查则是一批方言点的横向比较，《现代吴语的研究》《湖北方言调查报告》《关中方言调查报告》是这种比较研究的成功之作。50年代的全国方言普查形成了方言—普通话—中古音的三角比较研究方法，整理三者之间的语音对应规律，不论是单刊或区域报告都因此而展现了明晰的方言特点，并且不断地为汉语语音史提供生动活泼的论据。后来，语法学界仿照这种方法形成"大三角"的语法比较研究，获益不浅。

方言学，从研究方式看，属于描写语言学（descriptive linguistics），研究的目标是对某一特定时间的某一特定语言或方言，对各种形式或用法做出全面的、客观的、精确的说明。它们仅描写真实语言的用法，不规定语言使用的规范。中国方言的研究，大多属于描写语言学与历史比较语言学的结合，记录方言历时的变化，需要具备音韵学、语音学等基础能力。中国古代对语音的描写方式有很多，反切法是其中使用较广泛的一种，宋代沈括在《梦溪笔谈》中对这种方式进行解释，即"所谓切韵者，上字为切，下字为韵"。反切的基本规则是用两个汉字相拼给一个字注音，切上字取声母，切下字取韵母和声调。例如"贡"音，即为古送切。现代方言学的调查，目前使用赵元任等人完善后的国际音标（International Phonetic Alphabet，简称 IPA）进行标注。国际音标遵循"一音一符，一符一音"的原则，能够准确记录方言语音。

为了精确计音，有时还采用五度制声调符号标记法，把字调的相对高度分为五度：高、半高、中、半低、低，分别用[1][2][3][4][5]五个数字表示，轻声用[0]表示，调值标于右上角。或以曲线法，即以一条位于右方的竖线作标尺，从低到高分作四段，各端点从低到高即分别表示相对音值的最低、次低、中、次高、最高。声调的高低升降变化用竖线左边的从左到右的线条表示。使用这种标记法的符号称为"调符"或"声调字母"。

20世纪方言学进入中国后，汉语方言研究取得了很大成绩，可以从以下10个方面概述：方言语音、方言语法、方言词汇、方言词典、综合研究、方言地图、方言分区、方言调查和方言概论论著、方言学的应用与方言研究的新领域,以及港澳台地区、海外的方言研究。

我国方言研究能够获得这些成绩,还与社会推动力有关,即为了普及普通话而进行的方言普查工作。1957年全国各省市先后开展了对本省市方言的普查工作。经过将近两年时间,完成原来计划要调查的2298个方言点中的1849个点(占80%以上)的普查工作。普查以语音为重点,各地只记录少量词汇和语法例句。在普查的基础上编写了1195种调查报告和某地人学习普通话手册之类小册子30多种(已出版72种)。普查工作后期编出的方言概况一类著作有河北、河南、陕西、福建、山东、甘肃、江苏、浙江、湖北、湖南、四川、广西、贵州、广东等十八种。大多仅油印或铅印成册,公开出版的只有《江苏省和上海市方言概况》《河北方言概况》《安徽方言概况》《四川方言音系》等几种。其中以《江苏省和上海市方言概况》篇幅最长,也最为精审。

方言学与社会语言学之间,存在相同之处,也存在差异。它们在研究对象和研究目的中都有相似之处。

传统方言学和社会语言学都研究语言演变,但视角不同,一个是地理空间角度,一个是社会角度。方言学与社会语言学的研究对象有重叠,方言学研究的方言属于社会语言学研究的社会生活中实际使用的语言中的一部分。

在理念、旨趣和调查方法上,方言学和社会语言学则各有各的特点。

首先,在对语言的认识上,方言学所属的描写语言学将语言视为"同质有序"(ordered homogeneity)的,意即一种语言或方言的系统在内部上是一致的,同一言语社区中,所有人在所有场合中使用的语言或方言都有统一的标准,它的结构、演变都是有规律的。但在社会语言学中,语言是"异质有序"的存在。也就是说,同一语言或方言的系统在内部上并不一致,因人群、场合而异,不同阶层也有不同标准,内部之间存在差异。但社会语言学同样认可语言结构和演变具有规律。

方言学全面调查一种方言的语音并归纳音系,但社会语言学更在意不同阶层、不同年龄、不同场合等的语言变项。研究语言时,方言学要求尽可能全面记录这一方言,将音位、声韵调系统进行全面整理归纳,社会语言学则探索语言变异,尤其是语言的分层,不以全面记录为己任。

尽管方言学和社会语言学在研究中都会采用实地调查的方法,但在具体做法上差异明显。方言学的被调查人经过严格的程序选定,基本是一地一人调查定标准。社会学家则是多阶层多人次的抽样调查,最终使用定量分析将语言规则用清晰的概率展现。

方言学对被调查人的要求严格到什么程度呢?一个调查点的发音人包括两名55岁—65岁的老年人和两名25岁—35岁的年轻人,男女各半。同时要求发音人要能说地道的本地方言;在本地出生和长大,家庭语言环境单纯,本人祖辈两代以上及配偶均为本地人,且无在外地一年以上生活经历等等,通过这些要求选择出来的发音人,通常能够较好地使用方言不受普通话影响,以便于方言学家记录"纯粹"的方言。

太仓市人民政府在2016年曾招募太仓方言发音人,其要求如下:

根据《江苏省语委关于做好中国语言资源保护工程江苏实施工作的通知》要求,我市方言发音人招募需符合下列条件:

(一)年龄、性别、文化程度

1. 男女老年方言发音人:年龄在55~65岁之间;文化水平应为小学或中学,大专及以上学历不在选拔范围之内。

2. 男女青年方言发音人:年龄在25~35岁之间,学历不限。

(以上两条,视本人身体状况,年龄限制可适当放宽)

3. 口头文化发音人:能用较地道的太仓方言讲述故事;或者会太仓歌谣(童谣、儿歌、摇篮曲、民歌等);或者会用太仓方言讲述顺口溜、谚语、歇后语;或者用太仓方言吟诵、曲艺、戏曲等。

(能身兼多岗位者优先录用)

(二)出生地、成长地及语言环境

1. 必须在太仓老城区土生土长(以盐铁塘周边为主);汉族,家庭语言环境单纯(父母及配偶均为太仓人,说太仓话),未在外地长住,能说地道的太仓方言。口头文化发音人范围可扩大一些,不限于老城区。

2. 口齿清楚,嗓音洪亮,不存在口吃、鼻音过重、门齿缺损等影响发音的问题。

(三) 语言能力

1. 具有较强的思维能力、反应能力和语言表达能力,性格开朗,善于沟通。

2. 口头文化发音人须熟练掌握本地歌谣、顺口溜、谚语、谜语、故事等。

(四) 其他

热爱家乡方言,富有责任心,热情耐心,能积极配合专家团队工作。

二、报名方式及时间

1. 报名截止时间:2016 年 4 月 5 日

2. 报名方式:

(1) 报名者如实填写《发音人报名登记表》(太仓教育信息网通知公告中可下载),可纸质材料寄:太仓市开发区扬州路 99 号教师发展中心大楼底楼太仓教育惠民服务中心黄老师,邮编:215400;也可到现场报名,地点:太仓市扬州路 99 号教师发展中心大楼底楼。

(2) 专家组团队将根据报名情况进行初选,电话邀请入围人员进行面试,确定发音人。至 4 月 10 日未接到通知者,视作不入选。

在调查方言时,学者会利用《方言调查字表》,按照广韵一系的发音进行记录。为了调查方言中传统的语言现象,方言学家一般前往偏远乡下,且十分重视农村地区的方言。社会语言学则更多调查大中城市或城镇地区的方言。

方言学在语音方面的重视程度十分高,在研究时,也较少关注语音之外的非语言变项。在记录语音上,方言学对发音人的要求始终比较严格,且发音人数量少。方言学根据语音特征将中国划分的方言区,是与言语社区不同的概念,方言区不存在因多言多语的现象而重叠的划分。

表 2-8 方言学与社会语言学差异

	方言学	社会语言学
语言观	同质有序	异质有序
旨趣	描写历时的同质的语言	研究共时的异质的语言
调查目的	全面记录归纳音系	探索语音变异
调查对象选择	严格选定	多人次抽样
调查地区	偏远农村	城市城镇
地域划分	方言区(不重叠)	言语社区(可重叠)

从表 2-8 可以发现,方言学与社会语言学存在的差异还是挺多的,在语言观、研究旨趣、研究方法、研究对象的确定方法、调查区域的要求等方面都有自己专门的要求。在开展一项研究的时候,需要首先弄清楚自己是要做一个方言学的研究,还是社会语言学的研究,这样在方法、对象等的选择上才不会走弯路,最终也才能实现自己的研究目的。

另外,社会语言学关注的研究内容,方言学是基本不涉及的。比如,语言政策与规划的研究,这属于前面我们提到的宏观社会语言学的内容。近年来,你可能留意到很多这方面的话题,比如语言与经济、语言与扶贫、语言与乡村振兴等话题,都是语言政策与规划特别关注的内容。还有一些结合社会现实需求的研究,也是方言学甚少关注的。比如,重大突发事件中的应急语言服务。或许你对 2020 年以来的疫情事件还记忆犹新,在抗击这个重大疫情的过程中,应急语言服务课题备受关注,因为这些语言服务是抗击疫情时不可或缺的一个重要部分。比如,当来自中国四面八方的抗疫志愿者组成的抗疫代表团奔赴灾区的时候,在医治病人的时候,突然发现一个重要的语言问题需要解决——

抗疫代表团如何与说方言的当地居民交流与沟通。这是一个非常现实的问题,病人和医生不能交流、不能沟通,怎么办?应急语言服务研究应运而生。有些学者从理论上对应急语言服务机制建设、语言产品服务的提供与开发等进行了反思,并提出语言人才培养改革的建议等内容。还有些学者以资政报告或建言的方式对此次防疫期间语言应急服务体系或语言应急能力等进行思考,指出语言应急服务的作用和重要性等。王玲、谭雨欣(2020)的文章《团体语言应急能力构成及在防疫中的体现》则结合具体案例讨论了社会团体语言应急能力的构成和实践。应用方面,学者们研发"疫情防控外语通",为在华来华留学生和外籍人员提供疫情防控和治疗语言服务;中国外文局中国翻译研究院翻译审定了180条疫情相关词汇英文表达,山东省翻译协会为多地海外对华医疗物资援助提供落地服务等。

由此可见,社会语言学关注"活的语言",结合现实生活的变化与需求开展研究,具有不可忽视的价值意义,会给记录和分析人类生活带来巨大的益处。

【练习】

1. 寻找1—2篇结构主义语言学、生成语言学、社会语言学和方言学的论文,分析它们在研究方法、研究内容、论证方式等方面的差异。

2. 从你的方言中能否寻找一些语音、词汇或者语法的例子,讨论一下从方言学和城市语言调查的视角可以怎么去调查研究(比如方言学调查,调查对象如何选择、语料怎么搜集;城市语言调查,怎么选择对象,怎么搜集语料等)。

参考文献

[1] F.de Saussure.普通语言学教程(汉译本)[M].高名凯,译.北京:商务印书馆,1980.

[2] Labov W.The Social Motivation of a Sound Change[J].Word,

1963,19(3):273-309.

[3] Labov W.The Social Stratification of English in New York City[M].Washington,DC:Center for Applied Linguistics,1966.

[4] Labov.Sociolinguistic Patterns[M].Philadelphia:U. of Pennsylvania Press,1972.

[5] 曹国安.现代汉语语法研究新讲[M].桂林:广西师范大学出版社,2015,144-145.

[6] 曹炜.曹炜初早期语言研究论集(1984—1994年)[M].广州:暨南大学出版社,2017,199.

[7] 柴湘露.社会语言学研究综述[J].长春师范大学学报,2014,33(11):81-84.

[8] 陈雯.汉语方言田野调查的分析报告[D].上海:上海师范大学,2015.

[9] 戴曼纯.国家语言能力、语言规划与国家安全[J].语言文字应用,2011(4):123-131.

[10] 董革非.结构主义与转换生成语法的对比研究[J].东北大学学报(社会科学版),2004(6):448-451.

[11] 高涛.西方语言天赋之争[M].徐州:中国矿业大学出版社,2018,154.

[12] 顾黔.江苏方言调查研究及若干思考[J].南京师大学报(社会科学版),2020,(5):5-12.

[13] 胡安顺,郭芹纳.古代汉语[M].北京:中华书局,2006.

[14] 金有景,金欣欣.20世纪汉语方言研究述评[J].南阳师范学院学报(社会科学版),2002(1):91-100.

[15] 李洪静.社会语言学研究综述[J].大学英语(学术版),2007(1):55-57.

[16] 李如龙.论汉语方言比较研究(上)——世纪之交谈汉语方言学[J].语文研究,2000(2):1-7.

[17] 卢英顺.语言学讲义[M].上海:复旦大学出版社,2015,96.

[18] 马雪.社会变量对语言变量制约的历时研究——以拉氏变异学派纽约市(r)音变量调查为例[J].信阳农林学院学报,2015,25(4):73-75.

[19] 邵敬敏,石定栩."港式中文"与语言变体[J].华东师范大学学报(哲学社会科学版),2006,38(2):84-90.

[20] 苏金智.语言接触中语言演变的连续体模式[J].新疆师范大学学报(哲学社会科学版).2015,36(1):93-100,2.

[21] 唐毅.文化背景和汉语水平对外国留学生汉语口语交际策略使用的影响[J].现代外语,2016(2):224-234,292.

[22] 王玲.城市化进程中本地居民和外来移民的语言适应行为研究——以合肥、南京和北京三地为例[J].语言文字应用,2012(1):75-84.

[23] 王玲,谭雨欣.团体语言应急能力构成及在防疫中的体现[J].语言战略研究,2020,5(3):31-39.

[24] 王小捷,常宝宝.自然语言处理技术基础[M].北京:北京邮电大学出版社,2002,9.

[25] 谢留文.汉语方言研究七十年[J].方言,2019,41(3):257-272.

[26] 熊兵.美国结构主义语言学:回顾与反思[J].外语与外语教学,2003(8):50-53.

[27] 徐大明.约翰·甘柏兹的学术思想[J].语言教学与研究,2002(4):1-6.

[28] 徐大明.语言资源管理规划及语言资源议题[J].郑州大学学报(哲学社会科学版),2008(1):12-15.

[29] 杨瑛.社会语言学研究综述[J].时代文学,2009,(12):115-116.

[30] 易红波.简论结构主义语法与转换生成语法的差异[J].牡丹

江师范学院学报(哲学社会科学版),2009(3):67-69.

[31] 游汝杰.汉语方言学的传统、现代化和发展趋势[J].中文自学指导,2007,(1):33-38.

[32] 游汝杰,周嘉彦.社会语言学教程[M].3版.上海:复旦大学出版社,2016.

[33] 张伯江.什么是句法学[M].上海:上海外语教育出版社,2013,92.

第三章 城市语言调查方法

本章要点

1. 城市语言调查与人类学调查的差异。
2. 城市语言调查与方言学调查的差异。
3. 城市语言调查方法的基本特征。

这一章中,我们将着重介绍城市语言调查中语料的收集方法和分析方法,较全面地展示城市语言调查各个场景下不同方法使用的过程与特点。在阅读过程中,请你思考:为什么在这个语境下会选择这一种方法搜集材料,选择的依据是什么?如果是你自己在开展调查,在这种情况下你会选择同样的方法吗,还是你会有别的更好的方法可以选择?

如果你曾经接触过社会学、人类学、新闻学或语言学,那么你一定会知道,调查是社会科学研究中被广泛使用的一种信息搜集方法。

西方语言学研究中,美国描写语言学家们20世纪就开始对美洲印第安语的使用现状进行调查;中国的语言学研究中,语言方面的调查也开展得较早,主要用于对各个地区方言和少数民族语言的调查。比如李方桂先生(1902—1987)对侗台语的调查、罗常培先生(1899—1958)对独龙语的调查等。

相比起中国方言调查的漫长历史,城市语言调查是近年来刚刚兴起的新的研究方向。它是随着中国城市化的发展以及深入而逐渐兴起并发展的。城市语言调查和中国的方言调查一样,都是对正在使用中的语言的调查,关注的是"活"的语言。但由于社会背景的差异,城市语言调查还是有自己的独特性,在调查目标、研究方法等方面,与我们熟悉的人类学、传统方言学的田野调查存在一些差异。

人类学家可以说是田野调查的鼻祖,他们的关注重点是原始人部落,在考察他们通婚结构、家庭构成等内容的同时,也会关注语言在原始部落群体中的作用。不过,总体上来说,人类学家虽然也考察语言的使用情况,但语言并不是他们调查和研究的对象本身。正如著名的人类学家马林诺夫斯基(Malinowski)在《西太平洋上的航海者》中所说的,人类学家们田野调查的主要目标是了解并理解原始部落当地土著群体的想法、观点以及这些观点、想法与他们生活之间的关系。

和人类学相比,城市语言调查展开的是"就语言并且为语言"的研究。确切地说,作为社会语言学研究的一个新方向,城市语言调查关注的是城市化与语言,或者说城市化与语言生活之间的关系。

这个新方向特别关注城市化带来的社会变化对社会中语言使用者的影响。比如,在城市化刚刚兴起的阶段,社会的人口流动可能还没有那么频繁。此时在某一个地区会说当地方言,可能是当地居民非常重要的一个需求。但随着城市化进程的深化,全国各个地区、各个民族的人开始杂居。当不同的方言或者少数民族语言混杂一起,人们对普通话的需求会相应地提高,随着社会的变化,会说普通话可能会变成人与人顺利沟通的关键,而能不能说当地方言则有可能变成一个可有可无的需求。城市化的发展所引起的这些语言生活环境的变化,是城市语言学家们特别会投入关注的部分。

传统方言学的调查方法和目标也与城市语言调查存在差异。在选择调查对象的时候,方言学调查是有具体标准和要求的。换句话说,找到"合适"的发音人是方言调查开始的重要条件之一。方言学家们在选择发音人的时候,会根据一定的标准来进行筛选。比如以"非流动性"

图 3.1　1918 年马林诺夫斯基在特罗布里恩群岛（Trobriand Isles）进行田野调查

（即常年大多数时间居住在当地）"年老的""住在乡下的""男性"为标准，首选常年居住在当地、有一定文化水平的老年男性作为发言人。

选定调查的发音人之后，方言学家会根据方言调查字表等材料请发音人来进行发音，然后根据他的发音情况，对这个方言的语音、词汇、语法等内容进行全面的描写和归纳。事实上，城市语言调查在考察城市方言的变异或变异情况时，也会向方言学家们学习。

不过在实际操作中，城市语言调查家们会结合城市环境的状况与特征对调查发音人的要求做一些改变。比如，从找一位发音人，变为寻找二至三位或者更多的发音人合作。在朗读方式方面，除了沿用方言学读词表、读字表等常规做法外，有时还根据需要，补充段落朗读、自由谈话等形式，以便调查更加符合客观实际。也就是说，和方言调查相比，城市语言调查者会将社会的差异、语体的差异等因素考虑在内，以尽可能获取符合语言使用实际的真实且自然的语料。

例如，作为城市方言的"南京话"，应该是大部分南京市民日常生活当中使用的并且有别于普通话和其他方言的方言变体。可是由于城区差异，南京市民所说的"南京话"也有很多变异的形式。2007 年对南京本地人的访谈调查中,我们发现原来"南京话"有市区南京话、郊区南京话、新南京话、老南京话、南京普通话以及带有普通话色彩的南京话等多种形式。那么在南京社区,如果你想开展一项关于当代南京社区南京话使用情况的调查时,你就需要根据南京地区的社会背景和语言背景选择你的调查对象。南京市区鼓楼、白下、秦淮、栖霞等几个区域,选择哪一个区域的居民是最符合调查需求的呢？年龄、性别是否会成为南京话使用的影响因素？如果是,要调查多少年轻人、多少老年人？

这些在方言学家那里可能是相对容易解决的问题,但对于城市语言调查的研究者来说,却是复杂的、需要结合实际情况去论证的重要内容。城市语言调查者在开展一项调查或者研究的时候,需要制定城市语言调查对象的标准,而这个标准需要有适应性和客观性。

在调查内容方面,城市语言调查也与传统的方言调查存在差异。城市语言调查主要聚焦的是城市语言生活中的各类问题。不过,这些语言调查的内容,还需要结合不同的社会因素,比如年龄、性别、收入水平、教育程度等来一起调查,因为只有将这些因素综合起来,最后才能深入讨论城市化过程中,这些社会因素对语言使用(或语言生活)的影响,并进一步挖掘这些语言问题产生的社会原因以及未来可能的发展趋势等内容。

由于上述两个重要方面的差异,方言调查和城市语言调查的具体操作过程也不同。方言调查的过程是:方言学的调查者提前确定并联系好发言合作人,将其邀请至选定的调查地点,记录其姓名、籍贯、年龄、性别、文化程度、地点、方言使用等状况。这样的调查往往会持续数十天。通常当调查结束的时候,方言学家们和发音合作人已经建立了非常良好的关系,而这种良好的关系,可以帮助方言学家们尽可能地获取完整、准确的语言信息。

相比之下,城市语言学的调查很少有较固定的调查对象,一般是以一定的抽样方式来随机抽取确定调查的对象。比如,通过随机抽样的方法在地图上选择调查的地点,然后再根据一定的抽样标准确定这个调查点的调查人数等内容。在这些工作完成之后，才开始深入社区、街道等，去随机采访调查对象，或者通过访谈等其他方法收集语料。

在认识了城市语言调查与人类学调查、方言学调查的不同之后，或许你开始对城市语言生活中的语言调查产生了好奇和兴趣。不过，仅仅有兴趣还是不行的，真正开始一项城市语言调查之前，你还需要去了解很多相关的问题，比如：什么是城市语言生活，在哪里寻找和体验城市语言生活？怎么找到适合城市语言调查的人群？如何去和他们打交道？使用什么样的方法能够找到自己需要的语料和信息？还有，如果这些调查对象使用的语言存在差异，如何判断哪种差异更值得调查和关注？

以城市生活中最常见的问候语为例，你很容易发现：60岁的爷爷和15岁的孙子所用的问候语是不同的，有时候不同的职业、不同的社会关系也会影响问候语的选择和使用。而换一个角度，从接受者的视角看，什么样的问候语是最受欢迎并且也是最合适的？和不同的人交往，什么样的问候语是得体的、礼貌的？

> **情景演示**：
> 爷爷向邻居打招呼："唉！吃了吗？"
> 孙子向同学打招呼："Hello!"
> 做老师的妈妈向同事打招呼："李老师，早上好！"
> 做销售的爸爸向同事打招呼："李姐，早。"

这些真实的对话场景，就是城市语言调查关注的主要内容。如何获得城市中不同说话人使用语言的实际状况，是城市语言调查的重要任务。大到整个社区的语言使用状况，比如社区成员内部什么时候说普通话，什么时候说方言或者外语；小到如何称呼他人，比如你来到一个陌生的城市，需要问路，面对不同年龄的女性，你会使用"美女、小姐"，还是"大姐、阿姨、师傅……"。只要是城市语言生活中的现象，都值得关注与思考。

可是这些语言使用的实际情况，要怎么搜集起来呢？在过往的研究中，以下方法是已经被证明有效的。

3.1　问卷调查法

问卷调查法，也简称为"问卷法"，发展至今已经是一种广泛使用的成熟调查手段。弗朗西斯·高尔顿（Francis Galton）是创制这一方法的先驱。在1882年他组织建立了人类学测验实验室，研究需要搜集人类生理和心理特征的大量数据，而一一访问调查所需的人力、物力都极大。所以他将调查问题印在卷面上发放出去，获得了很大的成功，这就是最早的问卷调查。

从诞生起，问卷法就有高效的特点。研究人员无须煞费苦心扩展交际圈，也无须挨个"促膝长谈"，早期的问卷可以通过邮寄或者登报的方式送到调查对象手中，现在很多研究者采用网络问卷，发放与回收问卷的时间更是大大缩短。因为这种高效性，问卷得以在一定时间内广泛传播，获得的样本量也比较大，有利于后续的定量研究。

问卷调查法还是一种比较客观的调查方法。一方面，问卷调查一般不要求填写者署名，在涉及一些关于社会关系或者态度的隐私问题时，匿名填写可以减少被调查对象的心理障碍。另一方面，在问卷调查的形式下，调查内容对于所有调查者来说都是完全一样的，并且时间、地点、调查人等因素对于结果的影响也相对比较小，从而保证了调查结果的客观性。

学者们通常认为，问卷是基于所研究课题的需要而编制成的各种问题或表式。研究者需要将其邮寄或当面交与调查对象，请其依照填答说明据实回答问题。问卷是一种收集资料的工具，也是测量个人行为和态度倾向的手段。问卷的制定、分发和结果统计一定存在标准化的原则,我们将在下文介绍这些标准具体的表现。

3.1.1 问卷法的类别

根据问卷调查的开展方式分类。问卷法的开展方式是多样化的,可以邮寄、电话访问、网上访问,也可以通过座谈等方式开展问卷调查。这些调查方式各自存在优缺点,研究者可以依据实际情况来选择。

邮寄是比较经典而传统的问卷发放方式,研究者将同样内容的问卷邮寄给大量潜在的调查对象,调查对象完成问卷之后将问卷放入已支付邮资的信封中寄回给调研人员。由于大宗邮寄价格低廉,管理成本也比较低,这种调查方式曾被广泛采用。不过,邮寄问卷调查法的问卷回收率相对较低,一方面运送过程中可能有丢失和破损,另一方面邮寄的周期较长,很多人可能会遗失或者遗忘问卷。

电话访问方式,是指选取一定的受访者样本,研究者通过电话询问问卷上的一系列问题,并在访问过程中记录答案的调查方式。这种调查方式的好处在于可以在短时间内回收答案,坏处则是挨个电话联系比较费时费力,调查对象也可能会在通话过程中耐心耗尽,以沉默作答,造成尴尬的局面。

随着互联网的发展,网上访问的问卷调查开始兴起。调查者会通过某一网站制作问卷,然后以链接或者二维码的形式在网络上展开调查。国内常用的问卷网站有"问卷星"(https://www.wjx.cn/),不仅操作简单、分享快捷,而且可以一键导出调查结果。

座谈会问卷调查是群填式调查的一种。研究者通常专门开展一场座谈会,邀请选定的研究对象到场,也会借助课堂集体活动等发放问卷,后一种方式常在大、中小学开展调查时使用。正在求学的您,可能曾经在大学课间遇见过分发问卷的学长,他们通常会提前把问卷放在座位上,然后对问卷填写做一些口头说明,等到大部分同学都填写完毕再开始现场回收问卷。这种调查方式,相对来说比较高效,而且调查对象可以随时向调查者提出问题。不足之处在于,某些问卷可能出现漏填、误填,或者回答过于敷衍、无法采用等问题;此外,参加座谈会的调查对象的背景信息大多很相似,同质化特征突出,不利于研究者获取不同类型的语料。

根据填写问卷的主体分类。问卷可以分为自填式、代填式两类调查问卷。代填式问卷也称为"访问式"问卷调查。大多数问卷是自填式问卷,即由调查对象自己独立完成问卷填写。邮寄问卷、网络问卷等调查方式都要求调查对象自填,这方便调查对象根据自己的实际情况、想法填写,比较真实可靠。代填式问卷通常由一组经过专业培训的研究员就问卷上的问题对调查对象进行提问,再按照相关要求,记录受访者的答案。选择代填式问卷调查方法往往出于一些条件上的限制,比如采用了电话调查法,也可能调查对象是小孩或者是不能独立书写记录的人士。

根据问卷的内容分类。根据问卷问题设定的不同,问卷调查还可以分为结构式问卷调查和非结构式问卷调查。结构式问卷调查,要求调查问卷依据研究项目和理论假设,在题型设计、提问措辞、问卷结构及格式规则等方面精心把控,具有严密的逻辑。非结构式问卷调查,则在这些方面没有细致的设定,只是根据研究主题和相关需求规定了调查的大致方向。结构式问卷中,研究者的控制程度较强,受访者没有自由发挥的空间,因此这种类型的问卷调查又被称为封闭式问卷;非结构式问卷与之相反,又被称为开放式问卷。

不过一般来说,问卷调查中使用的问卷既包含开放式问题又包含封闭式问题。封闭式问题如"您的年龄属于下列哪个区间"可用于询问事实信息,开放性问题如"您认为电视台播放的方言节目,对年轻人学习方言有帮助吗?"则可以搜集到一些调查对象的真实想法、态度或者搜集到某一现象出现的原因等信息。

3.1.2 问卷法的程序

如前述,正式的问卷调查一定要按照标准化的程序进行。标准化的程序可以从根本上保障问卷法的科学性,使其具有效度和信度。问卷调查的基本程序可以分为以下几步:

■ **确定调查课题和调查指标**

调查问卷实质上是一种调查手段,因此在展开问卷调查前,一定存在一个需要利用这一手段的研究课题。城市语言调查中,问卷调查通常用于广泛收集人们语言使用和语言态度相关的资料。以国内语言学核心期刊《语言文字应用》的已刊登稿件为例,摘要中明确指出采用问卷调查这一研究方式的有 77 篇。翻看这些论文,我们发现问卷调查常常在以下几种课题中出现并且能对其结论形成有效支撑。

城市语言调查的第一大类课题是对某一特定言语社区或者某一社区特定的社会群体语言生活的调查。语言生活是运用、学习和研究语言文字、语言知识、语言技术的各种活动。就如同"家庭生活"、"经济生活"一样,是一个比较宽泛的概念。在城市语言调查中,对语言生活的调查往往以当地的方言使用和认同情况为核心,有时也包括语言能力。比如说薛才德(2009)对上海市民语言生活状况的调查就包括上海市民的方言使用情况、方言习得的先后顺序、对方言的态度等。孙德平(2011)对江汉油田居民语言认同与语言变化的调查,王生龙、王劲松(2013)对中原地区公民语言能力的调查都属于这一类型。

言语社区是社会语言学中一个重要的概念,语言变异学派认为不同的言语社区在使用的语言上会有所不同,比如说同处于美国社会,黑人聚居区和白人聚居区的通用流行语可能就存在差异,但除了种族引起的差异,教育程度、职业、社会阶层、年龄等也会影响人们的语言使用或表达。

美国电影《绿皮书》为我们展现了受教育程度对语言使用者的影

响。保镖托尼是个白人，虽然在当时的社会背景下，社会地位高于黑人钢琴家唐。可托尼没有受过什么教育，原本主要在夜总会工作，说话直接且粗鲁，托尼的扮演者维果·莫特森还刻意将口音模仿为当时纽约那种拉长调子的说话方式。他的雇主钢琴家唐是一个黑人，但他接受过非常好的高等教育，因此说话的时候用词非常优雅。电影利用他们因受教育程度、社会身份等差异导致的语言使用和表达风格的反差来增强戏剧效果。托尼自己写的信和经过黑人钢琴家唐修改指点之后的信分别如下：

> How are you, dear Delores? I'm not bad. I eat very well, mostly hamburgers. So don't worry, I'm not eating well. I saw Dr. Shelley playing the piano tonight. He doesn't talk like a black man, like Lee burrows, but better than him. I think he's a genius. When I look at him in the rearview mirror, he's always thinking. That's what genius looks like. But the life of genius doesn't seem to have much fun. I miss you so much.[中文翻译：亲爱的德洛丽丝，你好吗？我还不错。我吃得很好，大多是汉堡。所以别担心我吃得不好。我今晚看到谢利博士弹钢琴了。他说起（琴来）不像个黑人，像李·伯拉斯，但比他更好。我觉得他是个天才。当我从后视镜看他，他总是若有所思，天才大概都是这个样子。但天才的生活看上去没有什么乐趣。我非常非常思念你。]

> Dear Dolores:
> When I think of you, I'm reminded of the beautiful plains of Iowa. The distance between us is breaking my spirit...My time and experiences without you are meaningless to me. Falling in love with you was the easiest thing I have ever done. Nothing matters to me but you. And every day I am alive, I'm

aware of this. I loved you the day I met you, I love you today... And I will love you to the rest of my life. P.S., kiss the kids. (中文翻译：当我想你时，我想起了爱荷华州美丽的平原。我们之间相隔的距离使我意志消沉，没有你的时光和旅程对我来说毫无意义。与你相爱是我做过的最轻松的事，没有什么比你更重要，在我活着的每一天我都会深深地感觉到，遇见你的那天，我就已爱上你，今天我仍爱着你……余生也会继续爱你。又：亲吻孩子们。）

徐大明等学者指出，鉴定言语社区可以从人口、地域、互动、认同、设施等五要素入手，即一个言语社区内部在这五个方面能够基本统一。对特定言语社区或者社会群体的语言生活的调查往往聚焦于城市中的青少年、外来人口或者弱势群体，体现了研究者的人文关怀。如齐沪扬、朱琴琴(2001)对上海市徐汇区大中小学生称谓语使用情况的调查，林华东、陈燕玲(2011)对泉州地区三峡移民语言生活状况的调查，肖路、张文萍(2012)对上海市中职生普通话口语运用现状的调查，张斌华、张媛媛(2015)对东莞小学中外来务工人员子女语言使用状况的调查等。

对某一地区某个新词的使用和认同情况的调查，也是城市语言调查关注的课题之一。新词的流行往往在反映社会心理、现实的同时补充或者印证了语言自身的发展规律，不同的使用者对于同一个新词的接受和使用不同，而同一个社会群体对于不同的社会新词的接受和使用也不同。有关前者的调查有马玉红、彭琰(2013)对北京高校学生新词新语使用现状的研究，主要调查了校园新词和网络新词在高校学生中的认知度、使用率、使用特点以及高校学生对新词新语的态度，关于后者的调查有唐贤清、姜礼立(2015)对长沙市区"小姐"一词社会认同的调查等。

在确定了调查课题之后，我们需要思考的是如何将待研究问题转换成问卷内容，因此要确定测量指标。对于实际的实验设计而言，测量指标就是测量自变量和因变量的形式。具体选择哪些测量指标，就要考虑研究课题的核心概念和变量是什么。

表 3-1　外来务工人员语言能力的多维分析（摘自伏干 2014）

变量	赋值	变量	赋值
个体变量		社会环境变量	
性别	男＝0；女＝1	外出打工年限	连续变量
教育程度	小学及以下＝0；初中＝1；高中及技校＝2；大专及以上＝3	有无交往机会	无＝0；有＝1
婚姻状况	已婚＝0；未婚＝1；离异或丧偶＝2	朋友是否有当地人	否＝0；是＝1
第一次外出打工时的年龄	连续变量	朋友是否有老乡	无＝0；有＝1
外出打工动机	经济动机、发展动机、交往动机，均为连续变量	语言距离	相同＝0；相似＝1；相异＝2
家庭经济收入	连续变量		
未来5年打算	继续打工＝0；创业＝1；回家＝2；其他＝3		

城市语言调查中，常用的测量指标包括某一语言变项的使用频率、使用人数、语言变式的数量等，对于无法直接得到数值的测量指标如语言态度，就需要另外赋值。比如伏干（2014）在调查长三角、珠三角地区外来务工人员语言能力的影响因素时，基于之前的文献研究假设个体变量（包括性别、教育程度、婚姻状况、首次外出打工的年龄等）和流入地社会环境（包括外出打工年限、当地朋友圈等因素）影响外来务工人员语言能力，因此把个体变量和流入地社会环境作为研究的自变量，然后分别给各个变量的分支选项赋值（如表3-1所示）。又如齐沪扬、朱琴琴的文章《上海市徐汇区大中小学生称谓语使用情况调查》中，主要的测量指标为调查对象社会称谓语、亲属称谓语的使用情况和对称谓语的态度。而在具体的测量中又将其细化为大中小学生对各个称谓语的使用频率和在态度量表中的选择。在确定了测量指标之后，调查问卷应该问什么、选项如何设计、选择哪些调查对象也就有了比较明确的指向。

■ 合理评估调查者和调查对象

调查者、调查对象均为问卷调查的灵魂。他们不仅是调查者和被调查者的关系，也是平等的对话关系。调查者应该全程考虑被调查者的感受，尊重被调查者的发言；被调查者也应该积极配合调查人员，如实客观回答相关问题。这样的合作才有利于获得真实的语料，确保相关后续研究的可靠性和有效性。

一般来说，城市语言调查者的能力要求包括三个方面：专业能力、社交能力和统计能力。

首先，必须具备一定的语言学、社会语言学的专业能力。城市语言生活中什么样的现象是值得讨论的，怎样确定一个可测量的语言变项，调查是否有理论基础和方法论基础……这些问题的解答都有赖于调查者的专业知识。

其次，调查是一个互动的过程，调查者应该具有较强的社交能力。城市语言调查中有大量的面对面调查，要求调查者建立起良好的形象，在必要的时候推进话题，获得更多的信息。即使是借用互联网开展的网络问卷，也需要利用一些社交行为发放问卷。有时候，调查者还需要走访社区基层，也需要"滚雪球式"熟人朋友引路搭桥开展调查。因此，著名学者拉波夫曾说过社会语言学（包括城市语言调查）可以说是一门"走街串巷"的学问。在实际调查的过程中，你可能会碰壁甚至一无所获，但是相信这个过程也会给你一些启发，能让你学会放下架子和面子，甚至变成一位别人眼中的社交达人。

最后，调查者还需要具备统计能力。收集语料固然重要，如何将语料转换成结论也很重要。这就需要对语料进行编码、统计和分析。这时如果能熟练使用 excel、SPSS 等软件或者 python、R 语言等计算机语言，就可以极大地提高分析的效率和准确性。

有时候一个课题可能是具有必要性的，而且也有可借鉴的研究模式——比如《某某地区语言生活情况调查》。但是对于单打独斗的研究者来说，能否构建起完整的研究框架、能否在理论或方法上做出解释、能否收集到足够的样本,甚至在收集到之后是否有足够的精力统计出科学的结果,都需要再三衡量。

除此之外,调查人员还要站在调查对象的立场考虑如何完成问卷。要照顾到调查对象的三个需求:便捷性、适切性和礼貌性。

首先,当你在街上随机拦下一个人询问能否"问几个问题"的时候,即使他同意了,也不代表他愿意在原地站十五分钟甚至以上。无论选择哪一种问卷形式,调查对象的耐心都是有限的。因此问卷不宜过长,在临时面对面的调查中最好不超过十分钟,提前约好的调查也最好能在十五分钟内完成。问卷语言和版式的设计同样应该考虑避免给调查对象造成额外的负担。在提问时,应该避免使用术语,也不要太书面化,即用结构过于复杂、整体过长的句子提问。在提开放性问题时,也要考虑被调查者是否方便回答,可以把开放性问题转换成封闭性问题,这样不仅减小了调查对象的思维负担,而且有利于后续的分析。在问卷版式的设计上,尽量满足阅读者对于视觉舒适度的需求,在字体字号、行间距、对齐方式、内容编号等方面做到统一、整齐、赏心悦目,从而使被调查者更容易接受。

> **情景演示:**
> 良好的问题是:"您觉得普通话和上海话哪个更适合在公众场合使用?"
> 不好的问题是:"您对普通话和上海话的语言态度分别如何?"

对于某些群体展开的语言调查会对其职业、性别或年龄等方面进行限定,调查语言也可以做出相应的调整。比如说调查上海市小学生的网络语言使用习惯,在调查时就要选用活泼、新兴的例子,同时要考虑到小学生识字率和书写能力的问题,如果是自填问卷则问题不宜太复杂。在调查小孩、老年人、阅读障碍者和文化程度比较低的人群时,都要记得从被调查者的角度制作问卷,尊重调查对象的多样性。

最后一点,非常重要不可忽视,就是调查的礼貌性。主要体现在问卷设计方面:设计问卷时,注意不要出现错别字、病句、标点符号错误、编号移位或缺失等低级错误。这些错误会使调查者显得不用心,让调查对象感到不被尊重。在问卷内容方面,在开头要写好引导语阐明这份问卷的内容、填写方式和注意事项,并做出感谢。这一部分不仅能提高调查效率,而且体现了调查者的礼貌。问卷应该使用礼貌用语,尤其是在面对面询问被调查者的年龄、职业等个人信息时,可以采用委婉迂回的方法。

> 情景演示:
>
> 调查者:您看起来这么年轻,应该还在读大学吧?
>
> 调查对象:没有没有,我已经工作了。
>
> 调查者:您是今年开始工作的吗?
>
> 调查对象:已经工作两年了。

■ 设计问卷内容

调查问卷内容的选择必须要考虑主调查对象,再进一步考虑如何将对自变量和因变量的假设转换为一个个具体的问题。通常来说,年龄、性别、职业等是研究的自变量,语言使用情况、语言能力、语言态度等是研究的因变量。而问卷是面向被调查者的,所以在问卷中就要把这些自变量变换成被调查者容易理解的说法,要用实际的例子代替抽象的概念。

根据问卷的结构,首先设计指导语,然后是调查对象的主要信息,接着是调查的核心问题。最后是其他资料,包括问卷编号、调查员编号、审核员编号、调查日期、被调查者住地、被调查者的合作情况等。如果问卷是自填式的,指导语就需要比较详尽。可以包括对题型、题目数量、填写要求等内容的说明。

当然,问卷存在多种题型。调查者可以依据内容的不同采用不同的题型,常用的有以下几种:

● **二项选择题**(二分式回答)。二分式回答仅列举两种答案,需要被试从两个可能选项中选择一项,例如真/假,是/否,或同意/不同意。

您的性别是?

男　　　女

● **多项选一题**。被试需要从两个以上的非排序型的选项中选择一个答案。

您属于以下哪一个年龄区间?

10—20　　　20—30　　　30—40　　　40—50

● **多项选择题**。被试可以从两个以上的选项中进行选择一个或多个回答。多项选择题的选择项可以是限制性的如"限选三项",也可以是无限制的。

(多选)您的同事对您说"早上好",以下选项中您认为可以作为回复的是:

你好　　　早上好　　　吃了吗　　　好啊　　　不回答

● **归类/排序填空题**。应对选项过多的情况,可以提供一些选项给被试,被试基于问卷的要求填空。例如:

您认为以下招呼语适合称呼什么人(可多选):

① 欸　② 你好　③ 直呼姓名　④ 称呼身份　⑤ 无招呼

对长辈亲属(　　);对晚辈亲属(　　);对同辈亲属(　　);

请您对上面招呼语的礼貌程度进行排序:

您认为最有礼貌的招呼语为(　　);最不礼貌的招呼语为(　　);一般程度的为(　　)。

● **回想填空题**。提出一个简单直接的问题,要求被试回想并填空。

请列举三个您常用的网络流行语:

_____、_____、_____

● **数值尺度题**。通常用于测试被试对某事物的态度，可以用线段、表格、矩阵等形式表现数值尺度，让被试在其中选择。

称呼	非常好	比较好	一般	不太好	不好
小姐					
女士					
美女					
小姐姐					
姑娘					

调查者应该依据实际需求调整题型，也可以从其他学科的问卷中汲取灵感，尝试使用其他的题型。在制作问卷初稿之后，试着先自己答一下，再请亲朋好友帮忙作答。最好在进行前测之后再正式开展调查。依据反馈不断调整，才能不断完善问卷和问题。

问卷设计是一项十分复杂、考验研究者经验的工作。本书结合前人的文章，依据问卷调查的主要需求、主要题型和首要原则列出以下要点，仅供读者参考。

● 从容易回答的事实性问题开始，不要从开放式、态度类问题开始。

● 如果研究课题涉及程度，应该按照程度依顺序设计问题。

● 一个问题只关于一个话题，避免歧义。比如"你认为沉默或者停顿是不礼貌的行为吗"这一类型的问题就不是好问题。

● 为了节省版面，必要时可以关联问题，例如："如果你在第一题中选择 A，请直接跳转至第 3 题"。

● 尽量避免采用否定句式和反问句式，如果询问"最不"的选项，请着重标记，以免造成误解。

● 问题的表述尽量精准而简短。可以通过设置情景或者限制的方式避免语义模糊。

● 问题和选项尽量做到全面。比如说询问一个人的语言态度时，如果仅让他从"很讨厌"到"非常喜欢"来排序，实际上只能得到一个相对的回答而不是绝对的态度。因此最好能和其他问题配合。

● 问题和选项设置避免太细。如果你要调查年龄对方言态度的影响，实质上不需要挨个询问具体的年龄。这样不仅在操作上有难度，而且可能是不必要的。面对这种情况，最好能先通过历史研究、相关文献和预调查设置合理的年龄区间。

● 问题和选项是否存在不合理的预设。如果一个问题是"你认为加强网络语言监管有什么作用"，其实预设了"网络语言监管"是正面的。而在语言调查中，不一定所有的被调查者都抱持这一观点，所以这类问题不免有些"想当然"了。

● 避免被试不想或不能回答的问题。比如说如果让被试"回忆过去十天里说过多少次脏话"，很可能是一种强人所难的行为。

● 注意预调查。问卷的制作不是一蹴而就的，通常要经历数次修改。在完成问卷的初稿后，可以先抽取一小部分样本进行试调查。看看现有的问卷的回答时间大致是多久、题量是否过大、是否有被试难以理解的问题……有时候预调查还会帮助调查者初步发现一些有趣的现象，更新研究的假设，调查者也可以据此调整问卷内容。

■ **问卷的发放与回收**

在之前讨论问卷的类型时，相信读者们已经了解了问卷的几种发放形式。通常来说，如果选择街头随机抽样，则采用代填式方法。调查者有时甚至无须将问卷递给被调查者，只需记录下被调查者的回复即可。因为笔录速度有限，可以用手机录音，不过要先询问被调查者的意见。除了调查内容之外，还需要记录当次调查的时间、地点、调查人和被调查者的基本信息，以供后续归类。

如果被调查者是精心挑选出的社会群体，则通常使用座谈会或邮寄等方式发放问卷至特定对象手中，这样的问卷自然是自填式问卷。值得一提的是，不管是代填问卷还是自填问卷，都需要控制调查对象涉及的变量。比如设置调查人数在男女、各年龄层上相同，可以避免对一些影响因素的遗漏。

在发放时,可以预先规定回收的时间和填写问卷的报酬,以免被调查者耗费太多时间。不管问卷是当场回收还是延时回收,都需要在收到时马上检查答案,查看是否有遗漏或明显的错误,以便及时沟通纠正,提高问卷的回收率。

【练习】

1. 结合自己的观察,以身边的某个语言现象或者语言问题作为研究对象,尝试制作调查研究的思维导图。尝试让自己用一两句话概括这次调查研究的主题、主要的假设等内容,简单的概括中应包含需要考虑的年龄、性别等一些影响因素。

2. 围绕上面的假设设计一个调查问卷的初稿,邀请身边的人进行试调查。

3. 在得到问卷回答之后,再次思考这些内容能否印证或者反证你最开始的假设。如果不能,应该怎么调整?

3.2 访谈法

尽管问卷调查法可以高效获得大量样本,但毕竟有篇幅和时间的客观限制。如果想要深入挖掘人们的语言使用习惯、原因和态度,往往还需要辅助访谈法。相对于广泛使用的问卷调查法,访谈法通常被用来搜集一些可以用来解释某种语言使用或者语言现象的原因、态度等信息。

譬如刘永厚和朱娟(2015)在调查在华欧美企业中国员工之间的称呼模式时,先以问卷的形式考察人们对十二项称呼语的用法和态度,对企业中中国员工称呼语的使用情况有了全面的了解,再用访谈来深入了解对象采用这些称呼模式的原因。访谈主要由开放性问题组成,如"在您的公司,同事之间一般采用什么样的称呼语?""直呼上级的名字会不会觉得有点不尊重?""您更喜欢哪种称呼模式?""您如何看待姓+职衔、姓+哥/姐这样的称呼语?"等等。这些问题引自作者的期刊论文,在具体的访谈中所问的问题可能更口语化一些。这样的访谈不仅能起到解释现象的作用,而且能印证之前问卷所得到的信息,提高调查的信度。

> **情景演示:**
> 访谈者:您平时怎么称呼比您年纪稍长的同事呀?
> 受访者:可能就是叫名字吧。
> 访谈者:那会用"张姐"、"王哥"这种叫法吗?
> 受访者:那也会的。
> 访谈者:什么人你会直接叫名字,什么人你会叫姓氏加"哥"?

3.2.1 什么是访谈法

访谈法是社会科学研究中收集一手资料的一种经典方法,在城市语言调查中主要用于城市居民的语言使用、接受习惯和语言态度。访谈的本质是两人以上构成的研究意向明确的对话。对话者的角色是不对等的,一方是主动的访谈者,另一方是被动的受访者。访谈者需要提前制订计划、访谈问题,邀请受访者,并尽量保证访谈按照计划进行。

调查者可以同时进行观察和访谈,包括以访谈之名的观察和以观察辅助访谈。前者可以利用访谈的问题转移受访者的注意力,让他放下防备。比方说如果你想观察受访者有没有某种口音,可以令受访者讲自己的恐怖经历,在他全情投入地讲故事时观察他的讲述过程中某一个音素的使用情况。后者就是用观察的结果来印证访谈的结果。比如询问受访者关于某一行为的态度时,观察对方是否存在相应的行为。

> **情景演示:**
> 访谈者:您平时说话喜欢说"唉"这个语气词吗?
> 受访者:唉,我从来不说。

总之，观察和访谈是可以互为工具的。相比其他方法，访谈法可以使研究者获得与访谈对象共处的相对充足的时间，在交流中能够直接获知对方的想法和回应。由于访谈者和对象常常是面对面交流，面对含糊、不明确的回答可以进一步追问，获得比较可靠的一手资料。

3.2.2 访谈法的分类

依据访谈场景的不同，访谈可以分为正式访谈和非正式访谈。正式访谈又被分为直接访谈和间接访谈，前者是面对面的交流，如在咖啡馆里进行访谈。间接访谈如网络访谈和电话访谈等，虽然可以超出空间的限制，但毕竟缺少手势、表情等副语言的辅助，适合较简单的问题。非正式访谈是不提前预约，在选择访谈对象或访谈地点时十分随意的访谈方式。比如说在参与集会时和周围的人聊天顺便展开访谈，虽然时间无法持续很久，但是有时会有意外的收获。

依据访谈内容的不同，可以分为半结构式访谈和结构式访谈。结构式访谈是非常严谨的访谈，访谈者需要先设定好问题，在实际访谈过程中不做更改。半结构式访谈则要自由一些，可以依据访谈对象的回应调整问题的顺序和细节。

依据访谈参与者的不同，可以分为单独访谈和小组访谈。单独访谈即为一对一访谈，可以有比较充足的交流时间，也方便追问和了解背景信息。如果时间比较紧张或者需要受访者的互动，则可以采取小组访谈。小组访谈的人数不能过多，可以由1到3名采访者和6到10名受访者构成，采访者需要注意控场，保证话题的有序推进。

3.2.3 访谈法的基本原则

要成为一个合格的访谈者，需要遵循一些基本原则，包括伦理原则、科学原则和理性原则。

伦理原则，要求访谈者遵守社会科学研究的基本伦理。在开始访谈前要告知受访者，如果要录音或者录像，也应该征得受访者的同意。

访谈的结果只能为研究所用，并且在文章中应该注意保护受访者的隐私。

科学原则，即访谈者应该本着科学的态度与受访者交流。当受访者阐述自己的观点时，访谈者不应该带着价值判断去陈述自己的观点或者批评、纠正受访者的观点，如"网络流行语常常是负能量的，你会使用网络流行语吗"一类的问题；也不应对相关的第三者进行价值判断，来暗示受访者做出相应的回答，如"男性往往教育程度低，更倾向于使用詈骂语，你身边有这种情况吗"等问题。访谈也禁止诱导，虽然访谈本质是一种有意向的调查方法，但是其目的是了解真实的相对访谈者来说客观的信息。因此，如果以"如今我们社会普遍认为说话时加语气词显得不成熟，你怎么看"来询问受访者对语气词的态度，受访者可能会出于语用原则做出不够客观的回答。

理性原则，要求访谈者能够在访谈中区分真实与虚假的信息。这就需要访谈者对研究问题有比较深入的了解，同时在访谈过程中注意观察受访者的言行是否一致。比如说在调查某地区的居民对当地数种方言的语言态度时，有的受访者可能带着明显的某方言口音，却说自己不会这门方言，面对这种情况，访谈者应该不动声色地深入问题，查看其中的原因。

3.2.4 访谈法的操作流程

现在我们可以试着开展访谈，首先需要有一个初步的假设，而访谈对于验证这个假设不可或缺。比如说如果要调查某个城市社区居民的方言使用情况，就常常需要访谈的参与，因为通过交流可以明确知道调查对象的口音、对某些因素的掌握情况等，这是问卷调查所无法发现的。对于一些开放性问题也需要使用访谈法，问卷调查通常只能回答是否问句或是简单的选择。

在对城市语言生活的调查中，常常是先用问卷调查确定语言的使用情况和接受情况，再用访谈去获知这种现实的原因。在确认访谈法的必要性之后,还要确认其可行性。如能否找到合适的访谈对象、访谈者自身是否具备相应的素质等。

访谈对象对于访谈来说至关重要,在选择对象时,需要考虑其身份是否和研究问题相吻合或者其语言使用情况是否和研究问题直接相关。比如说想要调查"南京市大学生接听电话时'喂'的使用情况",就需要在南京市高校选择受访者,并且最好是选择不属于同一个区的几个高校,并确保男女比例和各年级学生的比例。有时候研究关涉到的对象不止一类,比如说"美国华裔家庭语言教育情况"就关涉到家长和孩子两类群体,这时就需要对这两类群体分别进行调查,以确保研究的完整度。

在问卷和访谈结合的研究中,样本的选择往往是随机的。这样虽然能比较客观地反映现实,但在实际操作中可能会出现问题,如随机选择的受访者不配合访谈或者访谈无法收集到有效的信息。有时访谈可以采用滚雪球抽样法,即先随机选择一些受访者进行访谈,再请这些受访者提供其他的对象,依据之前访谈形成的线索推进调查。比如说对城市老年人的语言生活进行调查时,可以先去公园随机访谈,再借助受访者的朋友圈和其他老人建立联系,展开访谈。这种方法使研究者能够很好地把握一类群体的情况,但也存在受访者的回答雷同的风险,因此最好能扩大样本量或者增加调查次数。

情景演示:

访谈者:您好,我是张三,很高兴您能受邀参加我们的访谈。

受访者:你好,我是李四。

访谈者:这次访谈有 10 个问题,主要是想了解您说南京话的一些情况。非常感谢您的配合与支持啊。对了,访谈的全过程,我们都要录音,可以吗? 不过您放心,所有内容都只为了研究,我们绝对不会泄露您的隐私。

受访者:可以。

访谈者:好的,那我们就正式开始了。

在确定了访谈的项目和对象之后,就需要确定访谈的内容。即使是在半结构访谈中,访谈的问题也是经过精心思考的,通常来说,访谈问题可分为四个板块:最开始的是背景问题,在此可以询问受访者的信息,并通过提问引入背景。第二部分是宏观问题,即一些范围比较大的概述性问题。第三部分是重点问题,也就是和研究主题直接相关的问题。第四部分是补充问题,即对前文中受访者没有提及的一些细节再次提问。

接下来,访谈者需要在保证访谈质量和确定受访者方便的前提下选择访谈时间和地点。如对老人可以选择清晨公园的安静处,对白领可以选择对方公司楼下的咖啡厅等等。注意,最好是选择受访者比较熟悉的地点,以免他们因为紧张而不能畅所欲言。为了后续的分析,访谈者通常需要使用工具对访谈过程进行记录。由于手写的限制,现在通常采用录音或者录像的形式,当然要提前征得受访者的同意。如果人力充足,也可以两人一组共同进行访谈,其中一人为主要访谈者,另一人则负责记录和补充问题。

开始访谈后,你需要先做一个得体的开场白,如简单的自我介绍、说明访谈的目的和规则等。如果这次访谈是有酬劳或赠品的,也可以在开头或结尾提出。开场白能够展示友善的态度,降低受访者的戒心,也能够使其对访谈有初步的了解,便于后续工作的开展。不过开场白不能冗长,几句话介绍为宜。

正式提问也有一些技巧。提问者应该有着清晰的吐字、合适的音量、友善的神情和耐心的态度,这样对话双方才能建立起良好的互动关系。在推进问题时,你可以按照提纲有序进行,也可以依据对方的回答进行追问。尤其是如果某一受访者的回答和其他大多数人不同,应该寻根溯源找到原因。追问时应该切中要害,问题不宜过多,以免受访者感到被冒犯。同时要注意避免无关问题,倘若受访者侃侃而谈,在某些细节上刹不住车,访谈者应负责将他拉回主线,使访谈进行下去。提问时可以依据受访者的性格采用比较家常或者正式的语体,如果受访者比较沉默,应该尝试多角度试探,鼓励对方开口发言。有时候访谈者可以重复一遍受访者之前说过的事实以保持其思维的连贯性,也可以故意以相反的角度询问,使其做出更确定的回答。综上所述,访谈法的流程见图3.2。

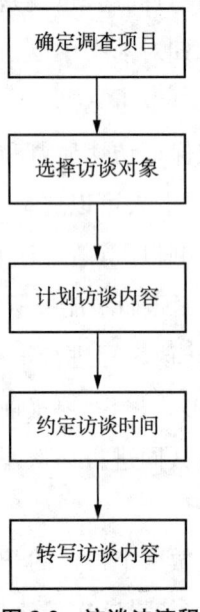

```
确定调查项目
    ↓
选择访谈对象
    ↓
计划访谈内容
    ↓
约定访谈时间
    ↓
转写访谈内容
```

图 3.2　访谈法流程

　　总的来说,访谈者应该对受访者的语言和副语言回应保持敏锐,并且对于研究问题有全面的把握。在访谈的最后,应该真诚地表示感谢,如果有需要可以邀请对方做下一次访谈。

　　对访谈的转写可以依据人力,也可以借助工具。电子工具有Dragon Naturally Speaking、讯飞输入等自动识别笔录的软件,但是由于技术还有待进步,仍需要逐字辨认和校对。对访谈语料的转写需要注意统一格式,必备的信息有访谈人、时间、地点、受访者姓名、访谈记录等,以便后续查看。在整理转写时,可以依据性别、年龄等因素将转写文档分类,也可以一边转写一边制作统计表格,提高数据分析的效率。

【练习】

1. 选择一个您感兴趣的语言现象或语言问题，然后设计访谈的相关问题。

2. 针对自己的访谈设计、访谈内容，请选择合适的访谈对象展开访谈。建议您可以先从身边的亲人、朋友甚至是自己问起，再试着联系更多的访谈对象。

3. 撰写访谈日记，并将自己访谈的内容转写成文本，看看这些文字能够引导您发现什么有趣的结论。

3.3 快速匿名调查法与问路调查法

"问路调查法"顾名思义就是借问路的形式展开调查的方法，但是要回答"这种方法具体怎么展开"、"有什么优势"等问题，却并不像问路一样简单。为了方便读者更全面地了解这一方法，本节将先介绍"问路调查法"的前身——"快速匿名调查法"。

> **情景演示：**
>
> 调查者：Excuse me, where is woman's shoes?
>
> 被调查者：At the fourth floor.
>
> 调查者：Sorry, I beg your pardon?
>
> 被调查者：At the fourth floor.

你或许很难想象上述情景中的对话出现在正式的语言调查中，然而事实是这段对话不仅常常被引用，而且对社会语言学的发展产生了重要的影响。1966年，拉波夫展开了对纽约市语言变异的社会经济因素的调查。这项调查的成果后来也出现在拉波夫最著名的文章《纽约市百货公司/r/的社会分层》当中。

这项研究的核心假设是：不同的社会阶层对于同一个语言变项的使用情况会不同。拉波夫选择的语言变项是英语中的/r/音。因为拉波夫发现百货公司中的员工会顺应顾客的语言习惯，或许可以把不同消费水平的百货公司作为切入点，所以他选择了纽约的三家百货公司作为调查地点。这三家百货公司分别对应了不同的阶级：萨克斯第五大道的消费水平最高，对应富人阶级；梅西百货对应中产阶级；S.克莱因最便宜，对应工人阶级。

在每一家百货公司，拉波夫都会问员工卖某种商品的柜台在几楼，得到"第四层"（即"the fourth floor"）这样的回答之后，再表示自己没有听清，请求对方再重复一遍。一般来说，第一次回答会比较随意，而第二次会相对正式，这样就得到了不同语体的两组/r/音。之后，傅乐（1986）采用了完全相同的方法，在相同的调查区域，调查了相同的语言变项，进一步验证了拉波夫的假设，同时也验证了"快速匿名调查法"的信度。

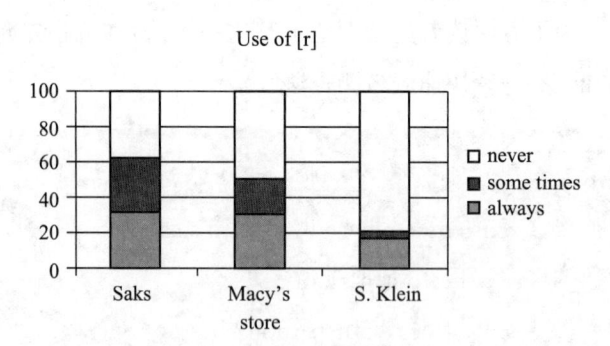

图 3.2　三家百货公司在/r/变项使用频率上的差异（出自拉波夫，1966）

快速匿名调查法是为了应对"观察者悖论"（Observer's Paradox）而出现的调查方法。一方面，社会语言学调查常常要求语料具有真实性和有效性。而另一方面，在问卷、访谈等标准化程序的调查过程中，受访者会因为警觉到采访人的意图而刻意调整自己的语体，调整后的语言相较日常的语言而言要更加正规。也就是说，观察者搜集语料的手段会影响到语料的呈现结果，这就是观察者悖论。

快速匿名调查法不会预先主张研究者"调查者"的身份,而是用日常的会话来引导被调查者做出回应。相对来说,这样得来的语料是自然产生的,引出的结果也会更加客观。同时,作为针对单一变项的研究方法,快速匿名调查法也十分高效。对纽约市百货大楼的调查中,拉波夫仅用六个半小时就从 204 个发言人口中得到了 528 个样本,这一方法的效率可见一斑。

快速匿名调查在国内最早的本土化成果是"问路调查法"。在南京的普通话使用情况调查中,研究者首先以南京城市地图为抽样框,对调查地点进行了随机抽样。然后在选定的调查地点,对调查对象按照性别、年龄分组进行了定额抽样。

调查由五个调查小组进行,每个小组负责两个区点。调查员都是南京大学大三或大四的学生,会讲普通话,对南京话也很熟悉。调查人员以问路人的形象出现,用普通话向所遇行人询问如何去某个地方。调查人员结伴而行,一人问路,其他人一旁观察,然后用调查表准确记录有关的调查内容。这种调查方法既不会对调查对象的行为产生干预性影响,又使调查者观察到的语言更大程度地反映了讲话人的习惯性自主语言,最大限度地保证了语言行为的自然状态和调查结果的客观性。

调查员会在问路结束以后马上在适宜的地点填写观察记录,记录的内容包括调查对象的年龄、性别的组别,以及调查小组对交际成功度、调查对象使用何种内部和外部语言的集体判断等。此外,还可以在调查表的"备注"栏中填写调查员认为值得一提的其他内容,比如调查组成员判断出现分歧的情况、调查对象交替使用两个语言变体的情形等比较特殊的情况。

"问路调查法"的"问路"过程很简单,但是支撑这一过程的设定严谨复杂。比如说,为了避免对调查对象的年龄组别的判断出现疑惑的情况,调查组对于年龄的判断做出了一些硬性的形式性规定:中小学生以穿校服为标志;老年人除了一般印象之外还要有白发为标志;其他成人一概归入"中青年"组。研究者选择白发为老年人标志的一个重要的原因是提前了解到,至少在南京地区,绝大部分未及退休年龄的白发人士(包括四五十岁的头发较早斑白的人士)具有坚持染黑头发的习俗,因此白发而不染在退休年龄层次是比较典型的情况。当然,也约定了调查员需要灵活变通,不能将显而易见的"少白头"情况归入老年组。

在问路时,研究人员采用了结构式观察法,共有三项确定的观察内容:问路交际的成功程度;"外部语言",即路人回答问路时使用的语言;"内部语言",即有两个以上指路人时,指路人相互谈话时所使用的语言。

"外部语言"和"内部语言"是一对相互对应的概念。这项调查中约定:"外部语言"是对不认识的社区成员使用的语言;相对而言,"内部语言"就是对熟人所使用的语言,如亲友、同学、同事、熟悉的生意伙伴等等。在调查中,"内部语言"被操作性地定义为调查员听到的调查对象在被问路之前与其同行的人使用的语言;以及被问路的人在指路期间与自己的同伴讨论时所使用的语言。在问到结伴的行人时,常常出现的情况是:一人指路,另外一人为其参谋;或者指路人有时感觉需要咨询自己的同伴有关路线的问题,这样就出现了在调查员面前讨论的交谈情景。根据南京的现实状况,内部语言被分成"普通话"、"南京话"和"其他"(被调查员称作"外地话"类)等几类。

> **情景演示:**
> 调查者:您好,请问南京大学鼓楼校区怎么走啊?(普通话)
> 被调查者A:我不太清楚啊。(普通话)
> 被调查者A:南大鼓楼怎么走你记得吗?(方言)
> 被调查者B:前面直走在路口左拐。(普通话)
> 调查者:好的,谢谢你们。

2008年,吴翠芹仿照南京问路调查做了上海市问路调查。方法基本不变，共收回491个样本，其中有效样本为469个，成功率比较高。比较有趣的是研究者介绍了一些被调查者拒绝的规律，比如说男性比女性更容易拒绝，在夜间调查比在白天调查更容易被拒绝等，可供之后的调查者参考。

虽然"问路调查法"来源于"快速匿名调查法"，但二者也有所不同。"问路调查法"将语言使用的环境完全限定在"外出"环境中，体现了"中立"的社区语言概念，而不是像"快速匿名调查"那样，交际的一方处于不平等的服务性角色地位，所观察到的实际上是工作语言或者商业语言，其中包括功利因素的作用。陌生人之间的问路交际，双方处于平等的言语社区成员的地位；如果有什么不平等，只是问路方处于需要帮助的劣势地位，最低限度地减少了通常出现的向权势方"言语适应"的效应，使我们观察到的语言更大程度地反映了讲话人的习惯性自主语言，这样就最大限度地保证了语言行为的自然状态和调查结果的客观性。

祝晓宏对包头昆都仑区的调查也采用了类似问路调查的调查方法。研究者会向出租车司机问路，和他们随便地聊聊包头和昆区的情况，在司机不被特别注意的情况下录下他们的谈话。对本地有所熟悉后，研究者在前往调查地点的途中，有时会故意询问路人诸如"怎么走"等问题，或者询问"包头这儿有哪些好玩的地方？"等问题，不出意外会得到"银河广场、八一公园、响沙湾、塞汉塔拉公园"等回答，这样就可以得到大量含鼻化韵的字，实现调查目的。

曹晓燕在做无锡方言接触研究时也用快速匿名调查看了无锡话尖团音的情况。无锡市中心有一家有名的泰国饭店"蕉叶餐厅"，其附近有无锡最大的KTV，对面是喜洋洋饭店。研究者以询问这些餐厅和娱乐场所的地点为由，尽量让他们说出"蕉叶餐厅"这个词。此外研究者还采用了"不侵入调查"，即通过在公共场所听无锡人交谈，记录无锡尖团不分的情况。统计结果显示，这两种调查法是有差别的。不侵入调查时，研究者观察到调查对象的语言更多地被普通话渗透，因为是与熟悉的人聊天或为了达到一定目的（如争论、吵架），只要能表达明确的意思就可以,无须注意自己所使用的语言是否是"纯正"的无锡话。而快速匿名调查时,发音人在路上或商场里面对陌生的无锡人提问,心理上有需要说无锡话的意识,就会使用他认为比较标准的无锡话以显示本地人的身份,相对于不侵入调查法,发音人的交际压力会大很多,他们努力地在记忆中搜索比较保守的读音。结果造成了不侵入调查中读音发生变异的人数比快速隐身调查多的现象。

总的来说,快速匿名调查法(问路调查法)是一种高效、客观的方法,转写的体量也会比较小,在统计分析时比较省力。不过这种方法也存在一些短板,比如由于路上行人的个人信息难以准确获得,不便于对一些社会因素与语言使用的相关性作准确分析。所以有些研究者在"问路"调查的程序完成之后再增加一部分问卷调查,以克服对调查对象的信息了解不足的缺点。此外,问路调查针对的语言变项比较单一,通常是某个特定的音素,因此这一方法一般来说适合以小见大的研究课题。

【练习】

1. 观察你的周围,是否存在同时说普通话、方言的情况或者普通话、方言混在一起使用的情况?如果存在,请观察并记录人们的对话,或许你能发现一些有趣的表达。

2. 你觉得哪些因素会影响人们的语言使用?为什么同一个人,在不同的语境下会使用不同的语言表达?或者同一个语境下,同一个语言表达却传达出不同的意思?试着头脑风暴一下。

3. 选择一个地点,并借问路的形式搜集至少三十个语料用例,查看这些语料能否验证你的假设。

3.4 自我评价测试与配对语装实验法

想象你走在街头,一位调查员走上前来询问是否能向你询问一些关于语言的问题。已经对城市语言调查有一些了解的你欣然接受，接过问卷作答。这时你发现问卷上有一道题："请问你觉得普通话和英语哪一个更好听？"虽然你最近正在看《神探夏洛克》或者《唐顿庄园》，觉得英式英语很好听，但是作为一个中国人，面对本国的学者，你又不禁有一种民族主义的顾虑。最后，现实中实际上是电光火石间……你选择了普通话更好听。这个选择对你来说问题不大，因为你觉得普通话也很好听，但是对你来说普通话的好听和英语的好听是不同的，这一点在调查中并不能体现出来。你意识到，这个回答不能说是错误的，但可能是不完整的。

在调查语言态度时，常常涉及受访者对某一语言的评价、使用或学习语言的动机、对使用某种语言及变体或操某种口音的社会群体的评价、对语言政策的意见等问题。这些问题对于理论和应用都十分重要，然而人们对于语言的态度往往模糊又暧昧，影响语言态度的因素也十分复杂。被调查者在研究中常常会做出一些"口不对心"的回答，有时候他们甚至不自知。上文中的情形在语言态度的调查中常常出现，在此要申明的是，这不是被调查者的问题，而是调查方法的问题。

问卷、访谈中使用态度量表让实验对象直接报告自己的语言态度的方法是直接测量法，也叫自我报告法。拉波夫（1966）较早使用了"自我评价测试法"（self-evaluationest）。后来，特鲁吉尔（Trudgill 1972）也曾使用这种方法搜集过语料。他利用诺里齐（Norwich）英语中大量的变项考察了语言行为和有意识的自我评价间的差异。调查中，他要求调查对象说出当地语言的一个变项，并对自己使用该变项的相关情况进行自我报告、自我评价。例如，ear 元音有一个较高威信（prestigious）的变式[ɪə]和低威信的当地形式[ɛː]。特鲁吉尔把那些声称自己使用[ɪə]、但事实上在非正式的谈话中更喜欢用[ɛː]的调查对象称为"自报偏高者"（overt-reporters）；把那些声称自己使用[ɛː]、但事实上在非正式的谈话中更喜欢用[ɪə]的被调查对象称为"自报偏低者"（under-reporters）；把其余的调查对象称为"准确自报者"。

调查显示男性常常过高估计自己使用的当地的非威信形式，而女性常常过高估计自己使用的威信形式。由此，特鲁吉尔认为一些变项有"隐威信"(covert prestige)，即一种建立在劳工阶层的、区域的、非正统的标准之上的吸引力，它对男性特别有吸引力。相比之下，妇女更喜欢那些反映更大社会范围的"显威信"(overt prestige)的标准。特鲁吉尔的这个结论对一般的社会语言的研究，特别是对于性别的研究意义深远。不过需要注意的是，他的态度调查建立在具体的语言特征基础之上，并且调查对象的态度反应是在有意识状态下做出的。

可以看出，在使用自我评价测试法时，被试的表达只是调查中的一个对比项，研究者通常好奇的是人们的自我评价和现实使用之间的出入。这个视角很有趣，但并不能得到被调查者具体的语言态度。为了得到调查对象伪装之下的真实态度，研究者开始采用间接的测量方法，最典型的是"配对语装技术"(matched guise technique)，由兰伯特(Lambert)等学者较早采用。

配对语装测试最初的具体方法是：邀请英语和法语都达到本族人(native speaker)水平的发音人，请他们分别用两种语言读同一段内容并录音，当然，同一段内容是指互为译文，意思相同的文字内容。每一组录音内容就是一对语装(guises)，如果有5个发音人，那么就有10个语装，这些语装对调查对象来说就好像是10个不同的讲话人。研究者告诉调查对象可以根据录音来判断讲话人的个性特点，并请调查对象根据他们的判断把不同的讲话人的个性特点排成不同的等级。这些个性特点有：身高、长相、智力水平、可信任度、领导能力、社交能力、自信心等。调查显示，无论是说英语的调查对象还是说法语的调查对象，都把英语语装的许多个性特点排在较高等级。只是在笃信宗教和仁慈这些个性特点上，操法语的调查对象把法语语装排的等级较高。在这种间接的测量中，调查对象未能意识到他们的语言态度正在被研究，显示出了比较客观的语言态度。

虽然这个研究还存在一些问题，可在相当长的时期内，它为语言态度研究建立了标准。在配对语装实验中,研究者把实验对象的评价归类为"友好的/不友好的"、"聪明的/不聪明的"、"可信赖的/不可信赖的"选项,三个方面组成了对说话人声音的总的评价。随后用这种方法进行的大量研究,确认了这三个方面的因素在语言态度研究中的必要性。因此这后来成为语言态度研究的第一个重要的归纳标准,即三因素群(three factor groups)。后来的研究者还发现,标准口音的讲话人在能力维度上常常被评价是最高的,而非标准的或地域变体的讲话人在诚信和吸引力的维度上被认为是比较高的。

这种经典的配对语装方法被广泛地运用到社会语言学对其他语言变体的研究之中。例如,美国非裔英语方言和标准美国英语(SAE),奇卡诺人英语(Chicano-English)和标准美国英语,阿拉伯人的以色列希伯来语和犹太人的以色列希伯来语等配对语言变体。

> **情景演示:**
> 　　问题:你认为上面一段录音的发音人应该或可能属于下面的哪类人员?
> 　　选项:电视圈里的名人/行政秘书/电话接线员/前台接待员/女售货员/工厂工人/都不是

中国的学者对于配对语装测试也有尝试,但相较略少。方小兵(2014)在探讨双母语的可能性时,就运用这一方法测试双母语者的语言态度。发音人是两位以白语和汉语为母语的白族青年人,一位是男性,一位是女性。由于白语和汉语的句法结构、叙事方式不同,研究者认为这会影响变量,所以最终选择了无文字的儿童画本《青蛙,你在哪里?》作为调查材料。这个儿童画本由简单的图片和基础词汇构成,而且已经广泛用于心理学、儿童语言习得等方面的研究,有很多可参考的资料(见图3.3)。录音前,发音人先阅读画册,再分别用汉语和白语讲述故事,这样就得到4段录音。为了防止被调查人察觉到录音的配对情况,实验还设置了两个干扰项,一个为汉语音频,一个为白语音频,最后一共得到 6 段录音。将这 6 段录音打乱顺序,重新合成一段 MP3 格式的音频材料。其中,每则汉语叙述平均占时 2 分 32 秒,每则白语叙述平均占时 2 分 40 秒,每则故事之间穿插数秒的音乐。音频时长共 16 分 18 秒。

图 3.3　儿童画本《青蛙,你在哪里?》插图

实验的被调查者是 63 位汉白双语初中学生。正式实验时,将调查量表发给学生,然后告诉他们:"同学们,许多人都有根据声音准确评价一个陌生人各方面特征的才能,比如在打电话时。今天我们也想请大家来尝试一下。大家即将听到六个人讲同一个故事《青蛙,你在哪里?》,他们有的用汉语说,有的用白语说。每段故事之间有数秒的音乐间隔。请一边听录音,一边对 6 位说话人各方面的特征做出评价。"实验时,被试逐一听取录音,然后让其根据录音对讲话人进行评分。最后共回收有效问卷 60 份。

实验中评价指标的设计主要围绕语言态度评价的两个层面——语言亲和力层面(或情感层面)和社会地位价值层面(或威望层面)。语言的亲和力层面包括"为人热情""很有礼貌""为人亲切""颇有风度""值得信赖"5 个具体的评价指标;语言的地位价值层面包括"聪颖睿智""具有威信""令人尊敬""教育良好""成熟自信"5 个具体的评价指标——若使用该语言的群体值得信赖、受尊敬、教育程度高,则相应说明该语言的社会地位高。每个评价指标均采用1分到5分的五级李克特量表进行测量,分数从低到高代表评价由差到好。满分为50分。受试需要在五个等级中选择其中一个等级来评价说话人,分数越高说明对讲话人的评价越高。由于说话人是同一个人,所以同一受试者对同一说话人的不同判断体现出其对不同语言的态度。

这一实验中,一些细节体现了对配对语装测试的创新。首先,发音人都是学生,一位是研究生,一位是中专生。被试是初中学生,对于社会网络和社会分层都不是很熟悉,选择与他们同样身份的评价对象不容易出现判断偏离。其次,为了避免听音疲劳和答题乏味,每段语音中间都穿插了音乐,且评价表分别打印在不同的纸张上,学生感觉"评价任务容易完成",愿意配合,减少了随意打分的情形。最后,为了保证学生不会发现是同一个发音人,使用了同样真实的汉语和白语两段干扰语音。读者们在自己设计配对语装测试时,也可以参考这些要点。

与兰伯特的方法略有不同,法佐尔德(Fasold)介绍了另一种配对语装方法。具体操作是,分别让黑人小孩和白人小孩说同一段内容,再把他们说话的录像播放给被调查者看,请他们根据一定的标准把小孩的话语分出等级。这一实验中接受调查的小学教师通常把白人小孩的话语排为较高的等级。接着研究者改变录像带上的声音,让白人小孩为黑人小孩配音,黑人小孩为白人小孩配音;再把这些配过音的录像带放给同样的调查对象看,虽然白人小孩的说话录像已被替换成了黑人小孩的声音,调查对象仍然把白人小孩的话语排在较高的等级。通过这种移花接木式的配对语装,法佐尔德发现人们对语言的等级划分可能是先入为主的。也就是说,不仅语言会影响语言态度,非语言因素(如人种、性别、年龄等)对于语言态度有时甚至更具有决定性。

【练习】

1. 请你写一些关于语言态度的问题,先自测一下,再通过滚雪球的方法,搜集到更多的语料,最后比较一下相同点和不同点。

2. 模仿兰伯特或者法佐尔德,设计并策划一场配对语装实验。如果您会说家乡话、普通话,分别用这两种语言变体说一段同样的内容,然后请一些和你有相同语言背景的朋友,让他们听完两段录音后,写下自己的感觉和判断,看看他们的答案与您的设想是否相同。不用担心设备简陋或者被调查人数太少,但需要注意控制变量,而且不要暴露自己的测试意图。

参考文献

[1] Labov W. The Social Stratification of English in New York City[M]. Washington, DC: Center for Applied Linguistics, 1966.

[2] Suzanne, Romaine. Language in Society: An Introduction to Sociolinguistics[M]. Oxford: Oxford University Press, 1994.

[3] 曹晓燕. 无锡方言接触研究[M]. 苏州:苏州大学出版社,2015.

[4] 陈立平. 常州市民语言态度调查[J]. 解放军外国语学院学报,2011(4).

[5] 戴庆厦. 语言调查教材[M]. 北京:商务印书馆,2013.

[6] 董海军,朱东星. 社会调查中高质量问卷的设计[J]. 晋阳学刊,2019(5):115-120.

[7] 方小兵. 多语环境下的母语建构与母语规划研究[D]. 南京:南京大学,2014.

[8] 伏干. 外来务工人员语言能力的多维分析——来自长三角、珠三角的证据[J]. 语言文字应用,2014(2):55-65.

[9] 付义荣,严振辉. 论城市方言的社会分布——基于对厦门市的快速匿名调查[J]. 东南学术,2017(6):239-245.

[10] 李晨溪. 试论社会语言学中拉波夫的语言变异研究[J]. 赤峰学院学报(汉文哲学社会科学版),2019,40(3):91-94.

[11] 李俊. 如何更好地解读社会?——论问卷设计的原则与程序

[J].调研世界,2009(3):46-48.

[12] 李宇明.语言生活与语言生活研究[J].语言战略研究,2016,1(3):15-23.

[13] 林华东,陈燕玲.泉州地区三峡移民语言生活状况调查[J].语言文字应用,2011(2):27-34.

[14] 刘德寰.关于问卷法的题型设计[J].社会学研究,1995(2):23-31.

[15] 刘永厚,朱娟.在华欧美企业中国员工之间的称呼模式研究——以10家在华欧美企业为例[J].语言文字应用,2015(4):87-95.

[16] 马玉红,彭琰.北京高校学生新词新语使用现状调查及其语言学思考[J].语言文字应用,2013(3):24-34.

[17] 齐沪扬,朱琴琴.上海市徐汇区大中小学生称谓语使用情况调查[J].语言文字应用,2001(2):81-90.

[18] 孙德平.语言认同与语言变化:江汉油田语言调查[J].语言文字应用,2011(1):27-37.

[19] 唐贤清,姜礼立.基于社会心理语言学视域下"小姐"一词的社会认同研究——以长沙市区为例[J].语言文字应用,2015(2):87-97.

[20] 王萌.浅谈访谈法中的提问技巧[J].现代教育科学,2006(10):105-107.

[21] 王生龙,王劲松.中原城市化进程中公民语言能力问题分析与思考[J].语言文字应用,2013(2):10-18.

[22] 吴翠芹.上海市"问路"调查[J].现代语文(语言研究版),2008(6):74-77.

[23] 肖路,张文萍.上海市中职生普通话口语运用现状的调查分析与对策研究[J].语言文字应用,2012(S1):24-31.

[24] 徐大明.语言变异与变化[M].上海:上海教育出版社,2006.

[25] 徐大明.中国社会语言学新视角——第三届中国社会语言学国际学术研讨会论文集[C].南京:南京大学出版社,2007.

[26] 徐大明,付义荣.南京"问路"调查[C]//中国社会语言学会.中国社会语言学,2005:8.

[27] 薛才德.上海市民语言生活状况调查[J].语言文字应用,2009(2):74-83.

[28] 杨威.访谈法解析[J].齐齐哈尔大学学报(哲学社会科学版),2001(4):114-117.

[29] 张斌华,张媛媛.外来务工人员子女语言使用状况研究——以东莞民办小学为例[J].语言文字应用,2015(2):40-49.

[30] 郑晶晶.问卷调查法研究综述[J].理论观察,2014(10):102-103.

[31] 郑震.社会学方法的综合——以问卷法和访谈法为例[J].社会科学,2016(11):93-100.

[32] 周薇.语言态度和语言使用的相关性分析——以2007年南京城市语言调查为例[J].语言教学与研究,2011(1):89-96.

第四章 城市语言调查研究步骤

本章要点

1. 城市语言调查研究的选题方法。
2. 城市语言调查研究设计的框架与内容。
3. 城市语言调查的抽样方法。
4. 城市语言调查中的模拟调查。

在这一章中,我们将着重介绍城市语言调查的几大步骤,包括选择研究问题和研究策略,制定研究方案,实施模拟调查等。本章将在社会调查方法的既有成熟框架下展开,结合社会语言学经典范式和城市语言调查的实例来呈现城市语言调查的完整过程。在阅读过程中,请你思考:社会科学研究的特点是什么?城市语言调查之于其他社科研究有什么特别之处?如果你计划独立展开调查,你会怎么安排研究步骤,为什么?

虽然本书的主题为城市语言调查,并且在上一章中详细介绍了调查的具体方法,但是需要申明的是,调查方法的选择与确定仅是城市语言调查研究的开始。城市语言调查有其学科背景、历史渊源和社会意义,不是一个孤立存在的研究活动。在开展城市语言调查研究时,我们应该从研究方法、调查方案、模拟调查、正式实施以及数据的分析归纳等这样一个完整的过程来进行考虑。那么读者可能会问,城市语言调

查具体的程序与步骤有哪些?如何从研究的角度对调查所得的语料与数据进行归纳概括?调查数据和研究分析有什么关系?怎样开展包含城市语言调查的学术研究?以上问题,我们都将在这一章中解答。

首先,社会科学研究包括纯理论研究和实证研究。大部分的城市语言调查研究都属于实证研究,即以事实数据来开展对某一个语言问题或语言现象的研究与分析。这样看来,设计调查方案、实施语言调查是开展城市语言调查研究的重要环节(见图4.1)。

一个完整的实证研究包括假设、调查和检验三个环节,这三个环节既相互独立又相互关联。此外,理论是实证研究的必要支撑。实证研究的论证逻辑

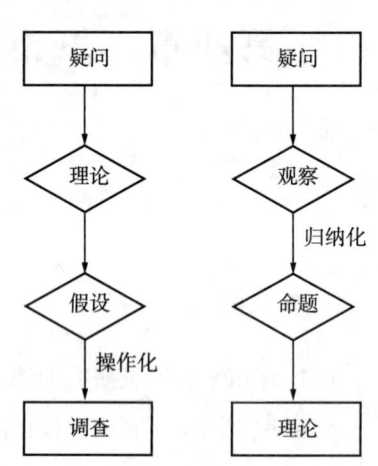

图 4.1　演绎逻辑和归纳逻辑图

通常有两种,一种是先有理论后有假设的演绎法,另一种是从现象中归纳出理论的归纳法。因此,实证研究不仅可以检验和挑战理论,也是新理论产生的动力。

因此,城市语言调查研究,也是基于搜集相关理论、整理数据的研究活动。实施城市语言调查前,研究者需要预先建立一个完整的调查研究框架,这样调查才会有明确的指向,最终得出有价值的成果。接下来我们将讨论研究选题、研究设计和抽样方法等内容,这也是城市语言调查研究的必要步骤。

4.1　研究选题

4.1.1　研究选题之于语言调查

对所有研究者来说,选题都是决定性的一步。在学术创作中,研究

问题的选择与确定无疑是研究取得成功的核心。

研究问题直接和研究目的挂钩，通常来说，研究目的有描写和解释两种。描写就是描述现象，展示对象的特征、模式或者规律。描写型的研究问题通常会以"怎么样""多少""哪些"为疑问词；解释则是讨论原因和影响因素，解释型研究问题通常以"为什么""是否""如何"为疑问词。

语言学研究中，最典型的描写型问题是"某地方言调查"、"某地语言生活状况调查"。典型的解释型问题则讨论某一个或几个变量对于语言现象的影响，如研究性别对于使用流行语的影响。解释型问题也可能建立在描写型问题的成果的基础上，如通过描写发现了某种语言现象的特别之处后再讨论其背后的原因。

当然，我们通常不会把上述的疑问词放在标题中，但作为研究者自身，却需要清楚了解自己关注与研究的问题。另外，研究中把描写和解释结合起来的做法也十分普遍。

我们还有必要进一步阐明研究问题的性质。第一，研究问题可能来源于日常问题，但和日常问题有本质的区别。比如说，我们在日常生活中可能会问："北京人平时怎么说话？"这个问题基于具体的语境是有答案的，但是作为研究问题就太过含糊。研究问题讨论的是事物或者现象直接的关系，在后文中我们会介绍变量这个概念。

第二，研究问题是基于某一学科或者领域的情境提出的。同一个问题，物理学家、社会学家、医学家和语言学家会有不同的研究视角。在学科内部，同一份语料，社会语言学、认知语言学、形式语义学的解读又截然不同。脱离了学科的情境，研究问题只能是泛泛而谈。

4.1.2 研究选题从哪里来

研究选题的来源是非常多元的。我们首先会想到，可以从一些已经存在的经典话题中寻找灵感。比如说城市中农民工的语言问题、青少年的语言习得问题、方言和普通话的关系问题等等。这些问题之所以能经久不衰，就是因为它们符合学术的流行趋势，并且有现实的研究意义。但是，对于这些问题的再研究有珠玉在前，推陈出新需要结合新理论、新视角或新方法，这样才有可能继续展开研究，并发现有新意的成果。

每个人的生活状况和认知水平不同，关注的社会现象也不同。研究者常常需要从切身的生活经验出发寻找选题。比如说研究者如果是女性，就可能会对男女语言使用的差异有较强的敏感性。研究者如果来自少数民族，那么就会非常熟悉自己家乡的语言生活。

然而，由于个体生活的同质性，单纯从生活经验出发很难做出有学术意义的研究。这就要求选题时关注理论、方法和现象的更新。在理论方面，比如言语社区理论引入国内后，就引发了一波研究的热潮。夏历(2007)的《农民工言语社区探索研究》，王玲、徐大明的《合肥科学岛言语社区调查》都是其中的优秀成果。除了本方向的理论，有时其他领域的新理论也可以借用，比如把认知语言学的隐喻转喻、概念整合理论用于社会语言学研究等。

在方法方面，比较典型的有语料库这一方法所带来的语言学研究趋势。通过使用语料库，社会语言学得以从一对一或一对多的调查中解放出来，高效地收集大量语料并直接使用语料库工具进行数据处理。语料库方法增加了语言学研究的样本量，提高了研究的效率和科学性，不过有时也会损失一些信息。因此，在人力和物力允许的情况下，有时候研究团队会专门为了一个项目自建语料库，为研究提供全面精确的数据。

新理论和方法有时候是一把双刃剑，如果运用得当，是很好的创新研究，但是也要注意不使自己的研究沦为理论或方法的工具。对于新的理论和方法，研究者应该保持开放的态度，敢于尝试和创新。同时，研究者也需要采取辩证的思考方式。

新现象的出现对于城市语言研究者来说也非常重要，是选题的来源之一。比如，普通话推广的现状、普通话与方言关系、普通话与方言地位的调整，新浪微博、微信等互联网平台中的新兴语言现象等可能促成研究选题或研究问题的确定。此外，生活中新的语言现象、语言使用也值得关注。还可以把新、旧语言现象做对比研究，也可能得出有意思的结论。

以上都是观察渠道的选题来源,在学术研究中,另一部分同样重要的选题来源是文献。

文献检索与阅读是研究者的必要能力,好的文献综述可以在一开始就为调查指明正确的方向,规避不必要的劳动。文献既包括社会上可公开查阅的各类图表统计,也包括学术著作和期刊。中文的学术期刊大多可以在中国知网 CNKI(https://www.cnki.net/)中找到,英文的学术期刊则可以尝试在 Web of Science 这一平台上检索。

在知网上,你可以通过关键词、作者、文献来源等搜索词来检索文献。得到的文献可以按时间、相关度和引用率排列。通常来说,选择最新的文献可以看到这一方向的最新研究趋势,选择引用率最高的文献则可以看到这一领域的经典研究。知网还提供可视化分析的功能,使用者可以通过这一功能对某一关键词涉及的文献有一个直观的认识(见图 4.2)。

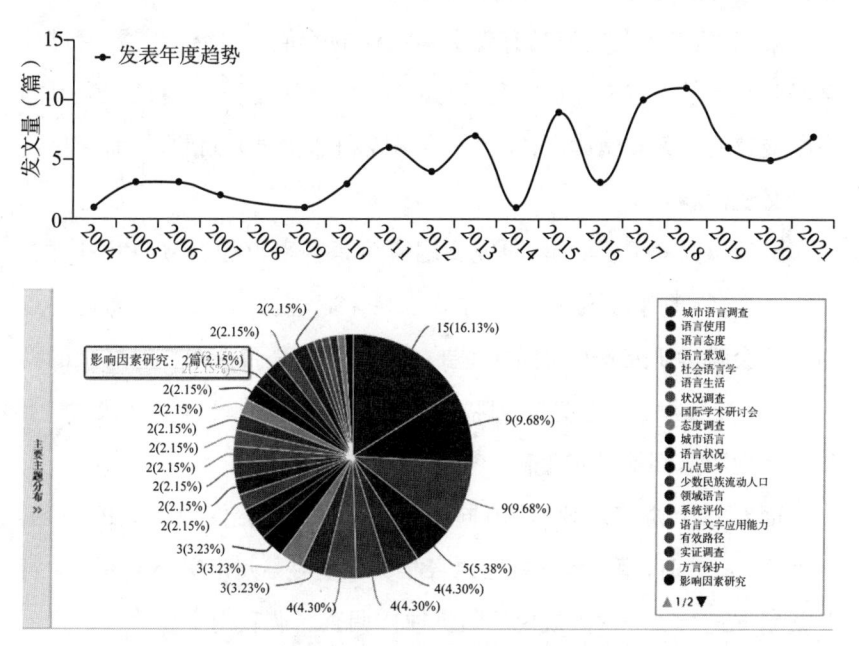

图 4.2 中国知网文献检索"城市语言调查"可视化分析部分结果图

4.1.3　什么是值得关注的研究问题

　　研究选题的来源多样，但不是每一个研究问题都值得关注与研究。基本来说，选择研究问题有以下几个依据。

　　首先，要选择问题而不是话题。既然是问题那么就有答案，有答案就需要有证据。一个好的研究问题应该立足于一些过去已经发生的或者现在正在发生的现象，这个现象可能是异常的，能够引起研究者的注意和疑惑，这样的问题才有研究的价值。

　　其次，研究问题必须是可以进行科学研究，可以被调查和证明的。如果你问"影响网络流行语固定为基本词汇的因素是什么"，这或许是一个有意思的问题，但不是一个可以被系统调查的问题。在选择研究问题时，也要考虑自身的人力、财力和物力，量力而行。很多单打独斗的年轻研究者会选择一些比较大的研究课题，但后续的调查或者数据分析难以为继，白白浪费了时间和精力。

　　第三，研究问题应该具有现实和理论的价值。研究者需要通过社会经验和文献工作来确认研究问题的这两方面价值。只有通过大量的不断交替的观察和阅读，研究者才能修改和细化研究问题，从而深化研究的必要性和意义。

　　最后但同样重要的是，研究问题应该是合乎道德、情理和法律的。对于医学、物理等领域，我们往往要求科学家遵循实验道德，而这一点对于社会科学研究者来说同样重要。研究问题是否涉及普通民众的隐私，能否以正当的方式获取语料，甚至结果是否会被政治利用，是否"上得了台面"等，都是研究者需要考虑的问题。

　　面对一个语言现象，从不同的角度出发，就会发现不同的问题。2009年5—6月，南京大学社会语言学实验室对苏州市中小学生的语言生活状况进行了一次大规模的随机抽样调查。调查内容涵盖了语言习得、语言能力、语言态度以及在不同场合的语言使用状况。俞玮奇根据这一次调查,从两个不同的方面出发展开了研究。

第一个问题视角是城市中普通话的推广和城市化进程是否会影响当地方言的使用情况。苏州是一座具有悠久历史文化传统的城市,苏州话一直被认为是吴方言的代表。目前随着普通话的推广和外来人口的大量流入,苏州当地年轻一代学生的语言使用状况发生了明显变化,这一变化可能会影响到苏州方言以后的发展。汪平调查了110名苏州市中小学生在家庭和学校等场合的语言使用状况,结果发现苏州话在年轻一代身上迅速地消退。那么2010年,苏州方言在年轻一代人身上的保持状况如何?是进一步消退,还是依然保持之前的状况?年轻一代大量使用普通话是"年龄级差"现象,还是正在发生的变化?通过对苏州市中小学生的随机抽样调查,就可以全面掌握当前苏州市年轻一代的语言生活状况,了解普通话影响的广度和深度,分析是哪些社会因素正在影响苏州话在年轻一代人身上的保持。

第二个问题视角是外来人口的家庭内部是否会发生语言转用。用通俗的话解释,就是说一对出生地为河南的夫妻来到苏州工作定居,他们只会说河南话和一些普通话。面对自己的下一代,他们仍说河南话,但是子代因为学校和社会环境更多地使用普通话。而第三代出生时,因为第三代只说普通话,本习惯于说河南话的老夫妻反而会对孙子孙女说普通话,这个家庭中主要使用的语言也可能由河南话转为普通话,这就是家庭中的语言转用。

俞玮奇通过搜集数据发现,苏州市经济的迅速发展,吸引了大量外来人口的流入,2007年底全市仅外来登记流动人口就高达586万,而全市户籍人口也就624万,苏州市有较多的外来人口已是不争的事实。此外,苏州方言一向被认为是吴方言区的强势方言之一,由于在当地社会具有较高的地位,所以家庭的语言转用既可能转向普通话,也可能转向苏州话。那么,移居苏州的大量外来人口,他们的家庭以及第二代是否发生语言转用?如果发生转用,是转向普通话还是当地强势方言?

普通话推广的影响力与当地社会的同化压力是否起作用？哪个作用力更强？哪些社会因素影响第二代的语言选择？外来人口第二代是否会形成新的言语社区？这些问题都切实关系着人们的语言生活和普通话政策的推进。城市语言调查通常可以具有建议性，如方言是否需要保护？怎样保护？普通话的推广是否还要继续？怎样继续？是否需要出台相关语言教育的政策？……这样能够推动社会进步的问题，才是真正具有社会价值的问题。

从上述例子可以看出，研究问题的提出需要有现实、理论、预期结果三个因素，三者缺一不可。好的研究，往往是将生活中很细微的语言现象和宏观的理论结合起来，这也就是我们常说的"以小见大"。

【练习】

1. 和学习伙伴一起展开头脑风暴，找出待研究的或者有趣的新现象、新理论，看看能否将其扩展为研究问题。

2. 以《语言文字应用》2020年第4期部分社会语言学的论文为例，请大家初步判断一下，以下五篇文献哪些围绕描写型研究问题，哪些围绕解释型研究问题。

社会语言学

• 基于引导用字规范视角的"同某"释义语研究——兼谈新版《新华字典》的相关修订	程荣；
• 新时期三音节新词语动态演化特征考察	郑泽芝；张远洋；
• 体育赛事场地广告语言景观研究——以英格兰足球超级联赛为例	孙浩峰；
• 双视点互动标题句的语用功能及话语整合策略	李洋；陈一；
• 汉语紧缩句语用失误探究：句法——语用互动视角	赵方铭；张绍杰；

描写型研究问题	解释型研究问题

4.2 研究设计

4.2.1 城市语言调查的研究范式

如果你已经拥有了一个好的选题,那么我们接下来可以开始研究设计。研究设计是研究项目的蓝图,尽善尽美的研究设计是好的研究的前提。在研究设计过程中,你需要确定研究策略,制定研究方案。

在做研究设计时,我们要面对的是以下三个核心问题:

● 我研究的是什么问题?
● 我为什么要研究这个问题?
● 我打算如何研究这个问题?

前两个问题主要和研究选题有关,第三个问题则关系到研究所要采用的理论和方法。要回答"如何研究"这个问题,我们首先得从本学科的理论视角出发选择一个研究范式。比如说,社会语言学的经典研究范式就是调查不同的人群对同一个语言现象的使用情况和态度有什么差异,或者调查人们在不同的场合所使用的语言有什么不同。而这些范式是有其理论基础的。社会语言学家认为,社会性是语言的核心性质,说话者的社会身份对于其语言能力和语言使用十分重要。此前,结构主义语言学认为语言是同质有序的,这是把语言本身看作一个独立的、具有特定结构和发展规律的事物。而社会语言学认为语言是异质有序的,因为社会语言学家重视说话人对于语言的作用,没有说话人自然就没有语言。而在社会中,人们总是有着性别、阶层、职业等等差异,由于这些差异的存在,语言也就成了异质的。对于社会语言学来说,语言是一个由符号的各种变异形式组成的系统,研究者的任务是发现语言的变项和变体,并找出其变异的原因和趋势。

还记得我们在上一节中讲到外来人口家庭内部语言转向的研究。在那一篇研究中,研究的问题是苏州市出生于外来人口家庭的小孩是否产生了语言转用,如果有,是转向了普通话还是苏州话。之所以研究这个问题,是因为苏州市外来人口多,苏州话的保护效果不好,而这一情况具有典型性,在全国各地都很普遍。所以,作者希望从这一问题出发,探讨中国的城市语言生活未来的发展趋势。

如何研究这一问题？在该研究中,作者选择了Coulmas的理论作为研究的基础和范式。Coulmas(2005)认为移民在三代内会发生语言转用,绝大多数第一代只是把当地社会占主导地位的语言作为自己的外语,只有第二代才成长为双语人,通常在家说母语,在其他领域说当地占主导地位的语言,他们真正面临着语言选择的问题。但Coulmas同时也认为,以上在美国移民社区中观察得出的模式并不具备普遍性,还要看主体社会的同化压力是否起作用。依据这一研究,就可以假设苏州市出生于外来人口家庭的小孩存在语言转用,并且会在普通话和苏州话这两个强势方言间做选择。

研究还需要探讨什么社会因素影响了苏州市外来人口的语言转用。同样借用Coulmas(2005)的假设,把性别、年龄、阶层以及移民社区和当地社区之间的关系作为可能的影响因素加以调查。这样就初步确定了研究和调查的主要方向。

从这个例子可以看出,所谓研究范式是由理论视角所决定的。城市语言调查也有自己的核心理论和研究范式。早期,城市语言调查应用的主要是社会语言学的已有理论,但后来不断发展,最终形成了比较独立的理论体系。目前,城市语言调查最主要的理论是"言语社区理论"。

言语社区理论将社会学的社区理论应用到语言学中,将对语言的系统研究扩展到讲话人的社会关系。言语社区像一般的社区一样,由一些频繁互动的人群构成,由于时空的限制而形成了特定的互动模式,而且产生了心理上的认同。这些内容被总结为"地域""人口""互动""认同"和"设施"。"地域"即集体性的言语互动的时空条件,一个城市中人们的语言生活是一个典型的地域范畴。"人口"指参与言语互动的人群,这就排除了社会中不受语言影响的群体和个人。

语言变异理论是社会语言学的一个核心理论,在城市语言调查中自然也得到应用。在城市语言调查中,语言变项可以是语言的结构单位,也可以是言语社区的结构单位;变式可以是一次语言表现,也可以是一个说话人,而且语言变项和变式可以互相交叉。例如,在统计"行/成"变项的时候,可以统计"行"变式或"成"变式在一个语料库中出现的次数,也可以(实际上已经这样做了)统计应答语以"行"为主的讲话人或以"成"为主的讲话人在社区中所占的比例。

言语互动理论也应用于城市语言调查。一方面,像变异研究一样,许多言语互动研究同时也是城市语言研究。另一方面,同变异研究一样,言语互动的理论视角也被拓宽,言语互动中的沟通和认同问题被扩展到宏观层面来认识。言语互动的基本思想是:语言产生于互动,语言规则源于言语互动的实践。一个讲话人在开始一次新的语言交际时,需要启动过去面对类似交际情景的经验,在交际过程中他要验证这些过去的经验,而验证的结果可以帮助他确认或修正这些经验。同理,一批讲话人在进入一个新的社区时,他们所具有的不过是过去在其他社区中的语言交际经验,而在使用这些经验的过程中,也不得不进行一定的修正。然而,如果这些人数量足够多、社会影响足够大,他们也会对社区的另外一些人(互动的对方)的语言经验产生影响。长此以往,不仅言语社区的结构被改变,社区所拥有的语言变体也被改变了。

城市语言调查中应用到语言接触理论。城市中语言接触、方言接触现象十分显著,结果展现为在一次讲话中使用两种语码,或者一个社区使用两种语言等。城市语言调查不可避免地涉及这些语言接触的内容。

徐大明认为，语言变异理论、言语互动理论和语言接触理论的综合，以及语言选择和语言认同的微观和宏观机制的统一，就形成了"言语社区理论"。这一理论将语言变异、言语互动和语言接触都提升到社区层面来讨论，并且放到城市社区的语言生活中去检验。

在这一理论的指导下，城市语言调查选择沿用社会语言学的研究范式，并不断尝试以得出贴近城市语言生活的研究策略。比如，城市语言调查反对采用"内省法"。城市语言调查面对的是城市，不是个人。作为城市居民的个人，他对城市的观察有些是比较客观的，但也不可避免地受到个人各种主观因素的影响而加入不客观的成分。所以，如果既做病人，又做医生，自己给自己看病，自己研究自己，则不太可能排除个人观点中的不客观成分。因此，社会调查是最主要、最基本的方法。城市语言调查采用的是普查法或抽样调查法，相比一般的社会语言学调查，它在抽样设计中更强调随机抽样的程序。为了避免"观察者悖论"而产生的配对语装测试也体现了这一点。

其次，城市语言调查注重口语调查和自然产生的言语研究。书面语和正式发布的文字材料往往经过了多重修改和加工，其产生过程往往是不清楚的，是否超出了所研究的城市社区也未可知。因此，在城市日常交际场合，未经事先准备的、现场产生的话语是研究城市言语社区最直接、最可靠的材料。为了获得最自然的语料，研究者可能会采用快速匿名调查法，或者在问卷、访谈中设置一系列情境等。

对于研究者来说，已有的研究范式和策略就像木匠手中的标尺。只有站在前人的肩膀上，才能够眺望到更好的风景。

4.2.2 研究方案的几种类型

之前我们已经提到，从研究选题的角度出发，研究可以分为描写型研究和解释型研究。而这一小节中，我们会介绍研究设计的三种方案：

定量研究、定性研究和定量定性相结合的混合路径研究。

首先我们来介绍定量研究。Creswell(2009)对定量研究进行了定义，认为定量研究是通过检验各个变量之间的关系，从而验证客观理论的一种研究方式。"定量"是指研究中确定事物某方面的量，将问题与现象用数量来表示，进而去分析、考验、解释，从而获得结论。

一般来说，定量研究会有一个研究假设，这个假设与原因变量和结果变量之间的关系有关，如相关关系、因果关系、差异性关系等等。在假设和发现中间需要观察提供证据，定量研究的变量需要通过仪器或量表测量得到，所得数据通过统计工具分析。也就是说，定量研究大多遵循的是演绎的逻辑。

> **情景演示：**
>
> 【摘要】本研究计划是对2009年所做的香港社会三语使用情况调查的五年回顾。2014年的课题目标是通过问卷调查搜集数据，从使用量上考察五年来香港各种非工作和工作场合中，粤语、英语和普通话使用情况的变化趋势，以及不同因素对这三种语言使用频率的影响。整体研究结果显示，五年来三语呈现出了较有规律的变化，粤语使用大体呈小幅度下滑趋势；英语和普通话的使用频率则有所上扬。若从细微处着眼，受访者的社会背景也对某些场合的语言使用有不可小觑的作用。对于一些值得注意的现象，本文将结合图表详细说明。期望此次语言调查可以为语言政策的反思和更新提供新的参考。（梁慧敏 2014）

由于要求精确与科学，定量研究的研究方法为抽样、测试、分析统计等。后实证主义立场下的定量研究结合了定性研究的方法，因此也包括个案研究、访谈等。应用语言学、心理语言学、认知语言学受到教育实验和心理测量方法的影响，较多地采用实验方法，而计算语言学则受到计算机方法的影响，常常使用数据库的手段。不过两者都要使用到统计学的原理和方法。实验方法使用一套严格的规程,需要围绕两个或更多的变量的关系选择课题,提出假设,作文献评述,选择和控制变量,制定实验方案,进行观察和测量,最后验证假设。这一套方法必须使用统计学方法来保证实验的信度和效度。支配着实验方法的几个重要原理是抽样的原理、控制的原理、有效性的原理和无差别假设的原理。这些对于所有的科学实验都是通用的。

在《苏州市外来人口第二代的语言转用考察》一文中,为了验证外来人口第二代的语言态度影响着他们的语言选择和语言转用,俞玮奇采用了五级李克特量表的形式,让被调查者分别对普通话和苏州话的好听程度和亲切程度(语言的情感价值)、社会影响程度(语言的社会声望)和有用程度(语言的实用价值)等多项指标加以评价,并用 t 检验来对比分析,这就是典型的定量研究。

表 4-1　对苏州话和普通话的评价及配对样本 t 检验(摘自俞玮奇 2011)

	苏州话	普通话	苏州话—普通话 配对样本 t 检验		
	评价均值	评价均值	T 值	自由度	Sig.
好听程度	3.49	4.52	−14.061*	312	0
亲切程度	3.46	4.46	−12.920*	313	0
社会影响程度	3.26	4.13	−10.738*	312	0
有用程度	3.61	4.77	−18.463*	310	0

注:* 表示 $p<0.05$

表 4-1 显示,来自外来人口家庭的学生对苏州话各方面的评价并不高,但对普通话的评价普遍很高,尤其是对普通话有用程度的评价,均值高达 4.77(满分 5 分)。苏州话与普通话态度的配对样本 t 检验结果显示,他们对普通话与苏州话的语言态度存在显著差异。来自外来人口家庭的学生无论是在情感上还是在社会声望和实用价值的评判上,都对普通话高度地认同,这是他们在语言选择上倾向于普通话而不是当地强势方言苏州话的重要原因之一。

早期定量研究的理论基础是实证主义。实证主义认为事实必须来源于人对于客观环境的观察或者感觉,把定量研究看作人认识世界的唯一途径。在实证主义的视角下,定量研究是坚决追求科学、捍卫科学的。后来更多的学者认同后实证主义,只要求结果是科学的,而不把定量法看作唯一的科学研究方案。后实证主义和实证主义一样,以客观、中立的价值立场观察世界,希望能解释社会现象的因果关系和普遍规律,但是可以有定性法的参与。

与定量研究不同,传统的定性研究是通过归纳来分析和解释数据的。定性研究遵循的是自下而上的研究过程,即广泛、全面地收集文本、影像和数据,不提前排除任何数据,使理论假设从这些资料中"浮现"出来,然后通过不断检验和比较完善逻辑链,从而实现理论建构。

定性研究有两种理论视角,一种是后实证主义,一种是建构主义。建构主义的定性研究是比较经典的定性研究,只采用归纳的研究思路,要求研究者参与式观察,和被研究者展开良好的互动,深入被研究者的生活。而后实证主义中的定性研究可以有归纳和演绎两种思路,研究者需要在研究设计的基础上,对被研究者进行独立的观察、有限的参与。

语言学中的定性研究方法首先来自人类语言学。人类语言学使用的基本上是人类学和社会学的定性研究方法。这些方法的观察对象是词语,其基本出发点是:

- 语言和其他的行为是互相依存的,不能孤立地研究语言。
- 使用语言的环境十分重要,这些环境大都和非言语行为有关。
- 各种语言有很大的差异性,只能对它们作具体的描述和分析,不能套用别的语言的模式。
- 语言理论有可能从实际的现场调查和对语言功能的分析中产生。

继承了人类语言学传统,社会语言学主要使用定性研究的方法,但是也不放弃定量方法,例如社会语言学在语言调查结果的分析中也使用各种统计的手段和实验方法。

定性研究的经典研究方法包括民族志设计、现象学研究等等。社会语言学研究使用的定性研究方法通常有田野调查、开放式访谈等。

> **情景演示：**
>
> 【摘要】本文采用大规模问卷调查的方式，辅以实地调查、访谈的形式，考察了粤东四市城乡居民的语言使用情况。结果显示，粤东地区语言使用以普通话为主体，方言等多元语码并存，受访者对普通话及方言具备复合性语言认同。目前粤东城镇居民和乡村居民的普通话水平仍有较大差距，方言的使用随代际传承逐渐减少，因此需在"分众推普"的同时，重视方言的传承及语言资源多样性的保护。（刘慧，黎顺苗 2020）

城市语言调查和社会语言学一样，一般采用定量与定性相结合的混合研究方案，也就是把后实证主义理论视角下的定量研究和定性研究方法结合起来。研究者既会通过大数据分析确定研究对象和研究问题，又会通过深入访谈等手段辅助调查。

城市语言调查往往包括两部分，一部分是展开较大规模的问卷调查，另一部分是根据问卷结果进行具有针对性的访谈，用定量和定性结合的方法来达到科学性和人文性的平衡。

比如周锦国的文章《云南省民族地区民族学生语言使用情况调查分析》中，先对云南省 19 个世居少数民族地区 140 余所不同类型中小学校的 8000 多名中小学生开展语言使用的问卷调查，再辅以随堂听课、召开教师座谈会、学生访谈等方式，对调查问卷中的 7000 多名民族学生的有关数据进行统计分析。

> **情景演示：**
>
> 【摘要】本文是对当前上海的正在发生的语言接触所进行的一次探索性研究，旨在通过描述当前城市背景下移民的语言选择模式、语言习得、语言能力、语言态度等相关问题，从语言接触中的另一方——移民的角度出发反映语言接触和语言变化现实。本文首

> 先要做的是对上海新移民当前的语言使用状况(包括语言能力、语言习得和语言心理)进行描述。通过分析移民本身的方言背景、性别、年龄、教育水平、社会阶层等特点与其语言使用之间的关系,从移民的角度考察上海当前的语言接触中普通话、上海话和家乡方言对不同的移民所造成的影响。本文采用定量研究与定性研究结合的方式,使用问卷调查、观察、访问等多种研究方法,对上海专业技术阶层、初级白领阶层、商业服务员阶层和重体力劳动阶层四个阶层的新移民的语言使用、语言能力、语言心理等方面的问题进行了分析与讨论。(雷红波 2008)

丁沾沾在讨论《粤北连南"军声"社区的双言应用与语言和谐》时,也结合问卷调查、个人访谈等方法,详细考察了连南"军声"社区的语言使用情况,为双言现象的研究提供个案实证。在《上海市中职生普通话口语运用现状的调查分析与对策研究》中,肖路和张文萍(2012)同样运用了混合研究方案,即先通过问卷调查分析中职校普通话口语教学的氛围、中职生的语言行为以及影响其口语表达的主要因素,找出中职生普通话口语交际能力中存在的主要问题;在此基础上对中职系统部分教师进行访谈,以发现提高中职生普通话口语水平的相应策略。

通过梳理三类研究设计方案的理论视角和对应研究方法,我们更能了解理论和调查之间的逻辑关系,这也是研究范式的一部分。在实际的研究中,学者会将这些理论内化为自己的探究设计,而这些都需要在理论和实践方面的不断积累。

4.2.3 怎样撰写研究设计书

撰写研究计划书就像在写作文之前拟提纲,有些人会觉得没必要,但其实它非常重要。除了它的现实意义之外,比如,毕业生做毕业答辩前的开题答辩,申请留学时递交的 proposal 等,有时候在撰写研究计划书的时候,它可以帮助你厘清思路,提炼研究问题的价值与意义等。

一份好的研究计划书,应该让老师或者项目审核者看到明确、有意义的研究问题,清晰可行的研究方案和研究者个人的学术能力。那么,具体应该怎么撰写一份好的研究计划书呢?

Cresswell(2003)在著作《研究设计与写作指导》中提到,研究计划书应该包含以下问题:

● 为什么需要关注你要研究的课题?
● 关于这个课题,我们所不知道的是什么?有什么是需要进一步研究的?
● 你计划研究的问题是什么?
● 你打算对什么具体的情景和研究对象开展研究?
● 你计划采用什么方式收集所需要的数据?
● 你打算如何分析数据?
● 你需要什么来佐证你的研究发现?
● 你的研究中可能会存在哪些伦理规范的问题?
● 基于你的初步研究,你所计划开展的研究工作的可行性和价值是什么?

在撰写研究计划书之前,我们可以将这些问题的答案写下来,考量是否合理,是否有说服力。而真正的研究计划书就和论文一样,是有其结构的(见图4.3)。

对于一个即将要作开题报告的学生来说,按照一定的结构来写研究计划书是很重要的。常见的毕业论文研究计划书的目录包括导言、文献回顾、研究方案、论文章节、研究计划表、预期研究成果和参考文献七个部分。

导言或者引言中,你需要交代自己的选题背景和研究目标。我们之前说过,一个好的选题需要有现实意义,或者来源于新现象。因此我们需要介绍选题背景,展现问题意识,并用简练的话语提出自己的研究问题和研究目标。之后我们可以简单地写一下研究的必要性,也就是现实意义。

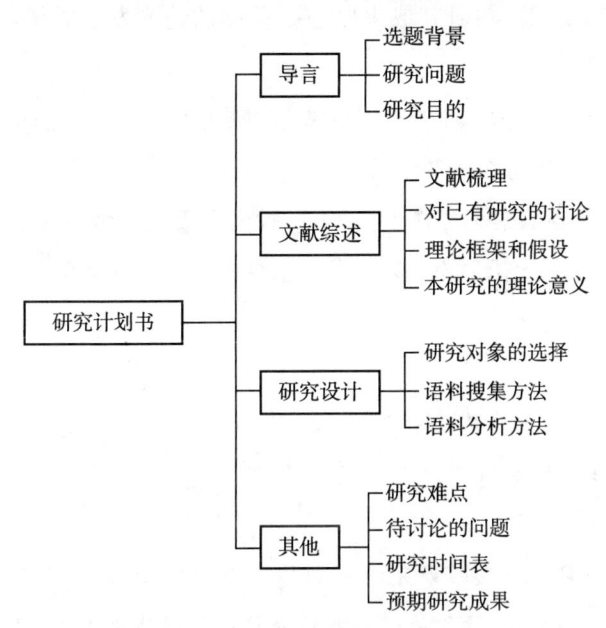

研究计划书
- 导言
  - 选题背景
  - 研究问题
  - 研究目的
- 文献综述
  - 文献梳理
  - 对已有研究的讨论
  - 理论框架和假设
  - 本研究的理论意义
- 研究设计
  - 研究对象的选择
  - 语料搜集方法
  - 语料分析方法
- 其他
  - 研究难点
  - 待讨论的问题
  - 研究时间表
  - 预期研究成果

图 4.3 研究计划书的框架内容

第二部分文献回顾主要包括两个方面,一个是对已有的文献的评述,另一个是对理论的梳理。这两方面都需要紧扣自己的研究问题,如果脱离了具体的问题,就变成综述型研究了。在评述文献时,我们需要关注已有的文献有什么不足,或者有什么可以借鉴的模式。对于理论,我们需要陈述研究的理论模型和关键概念,建立本研究与其他经典理论的关系,并说明本研究的理论创新点。

第三部分研究设计包括对研究对象、变量选择、语料数据搜集和分析方法等方面的内容。首先可以陈述总体研究背景,把研究问题细化并切分为具体的小问题。然后选择变量和调查变量的方法。对于调查过程,需要细致地规划,从调查地点、频率到调查问卷、访谈问题,都需要思考并展示。这一部分还需要对研究的信度和效度进行反思,衡量研究的不足之处和可重复性。关于信度和效度我们将在下一节抽样方法中讲解。

调查的时间表,包括研究的总体时间安排,调查的时间安排和论文完成进度预期。预期研究成果则包括可能的论文发表成果，对研究结果的预测等等。

撰写研究计划书能让研究者保持清晰的思路，对已有的选题和研究计划进行反思和调整，是非常重要的一步。在将思考过程转为书面语言后，我们又需要从案头工作走向社会，投入到现实的调查工作当中。因此，下文我们将介绍研究问题的操作化、抽样方法和模拟调查方法。

【练习】

1. 定量、定性和混合研究方法的定义、特征和研究方法分别是什么？社会语言学和城市语言调查主要使用的是哪种研究方案，对应哪些研究方法？

2. 定量研究和定性研究的差别体现在方方面面，下面列举了定性和定量研究的特点，请你将这些特点分类并和正确的研究方案相对应。

3. 按照上一节展示的结构撰写一篇研究计划书，并和老师、同学一起讨论。

4.3　研究变量与变量测量

4.3.1　从研究问题到研究变量

从研究问题到研究变量需要经历两个过程，一个是概念化，一个是操作化。在这一小节中，我们将结合具体案例解释概念化和操作化的定义，以及城市语言调查中研究变量的设置问题。

如果正在阅读这本书的你有过研究的经验，就会知道"下定义"对于做研究的重要性。当研究者提出了一个研究问题，首先要做的就是为这个问题设计的概念下定义。比如说以《汉语第二语言学习者接受性词汇量实证研究》为题，首先就要界定几个主要概念，包括"汉语第二语言学习者"和"接受性词汇量"。文中对这两个概念做的定义分别是"以汉语为第二语言的汉语学习者"和"学习者能够识别理解的词汇量"。

这个对研究问题中的核心概念下定义的过程，就是概念化。通过概念化，研究者得以提供一个学者与读者共同认可的定义，这对接下来的学术研究至关重要。

在把对现象的抽象表达转换为文本概念之后，下一步是把一个复杂含糊的概念转化为一个或一组具体、可测量的变量。这个过程用学术语言来说，就是操作化。概念可能会有多个维度，学者就需要结合研究目的和理论框架为不同的维度制定对应的变量，以在接下来的调查或观察中测量。

操作化是社会调查与研究的必经之路，如果说选题和概念化给研究灵魂，那么这个过程就为调查赋予了骨架。操作化的核心就是对变量的选择。我们之前提到俞玮奇在《苏州市外来人口第二代的语言转用考察》中依据Coulmas的假设把性别、年龄、阶层以及移民社区和当地社区之间的关系作为影响移民群体的语言转用的因素。其中，性别和年龄是容易测量的变量，但是阶层、移民社区和当地社区的关系是复杂的、含糊的、无法直接测量的变量，这就需要进一步的操作化。同时，对"语言转用"情况的考察，也需要进一步分为"母语习得和语言能力状况""语言态度"和"不同语域中的语言使用状况"三个变量。

结合苏州外来人口的实际情况，俞玮奇认为职业、教育程度都与社会地位密切相关，所以把"阶层"这个影响因素拆解为职业和教育程度两个变量，职业包括"国家机关、企事业负责人""教师、专业技术人员""办事人员及相关人员""商业从业人员""生产运输设备操作人员"和"服务业人员"几个类型，教育程度包括"小学""初中""高中""大专及以上"四个选项。调查最后也发现，中上层职业类别的家长在苏州具有较高的社会地位和声望，大多受过良好的教育，与外界接触较多，因此会在家庭领域选择放弃使用低声望的家乡方言，转用具有高社会声望的普通话。

在考察移民社区和当地社区之间的关系时，俞玮奇选择了出生地这个变量。外来人口第二代的出生地对语言选择具有明显的影响。在苏州出生的学生在家最常说普通话的比例最高,最常说父母家乡方言的比例最低,而且该群体出现了个别在家里说苏州话的现象;在父母家乡出生的学生,尤其是在省内(除苏州)出生的学生,在家最常说家乡话的比例最高。研究者猜测,在苏州出生的群体由于从小就在苏州长大,受当地社会同化的压力较大,再加上从小就远离老家的言语社区,对老家话的认同感偏低,这些因素促使该群体更快地发生语言转用。省内出生的群体使用家乡话较多,则可能是由于离家乡较近,与原先的言语社区联系较为密切,加上小时候在老家生活,情感上偏向家乡话,因而家乡话的保持率会更高些。

确定"性别""家长的教育程度""家长的职业""外来人口的出生地"这几个原因变量,和"母语习得和语言能力状况""语言态度""不同语域中的语言使用状况"三个结果变量,是这篇研究操作化的核心,也是研究问题从提出到验证的重要一步。

现在我们再根据夏历(2007)对于在京农民工言语社区的研究再次熟悉一下研究问题概念化和操作化的全过程。

> **情景演示:**
>
> 2006年4月出版的国务院研究室课题组最新研究成果《中国农民工研究报告》一书中,明确概括:"农民工"是我国经济转型时期的特殊概念,是指户籍身份还是农民、有承包土地,但主要从事非农产业、以工资为主要收入来源的人员。狭义的农民工,一般指跨地区外出进城务工人员。广义的农民工,既包括跨地区外出进城务工人员,也包括在县域内二、三产业就业的农村劳动力(本次调查研究的范围,主要是跨地区外出进城务工人员,即狭义的农民工)。

这项研究最基础的研究假设是:农民工构成了一个言语社区。作者对于"农民工"和"言语社区"两个概念都做了详细的解释。基于言语社区内部社区第一性,言语第二性;语言使用规范一致性和语言态度一致性的原则,假设证实农民工的语言使用有共同遵循的准则,语言态度有趋同性,这样就把言语社区这个概念初步操作化为语言能力、语言行为和语言态度。

而这三个概念实际上也是抽象的,不能拿着它们直接询问受访者,因此需要进一步细化。比如说在语言能力方面,主要针对农民工普通话的交流能力、发音状况、运用情况三个项目进行考察。在语言使用方面,主要针对农民工在家和在京时的语言使用情况,包括"和家人说话,和同乡的朋友闲聊,农贸市场买菜,和老师、同学交谈,跟同事以及顾客交谈,在商场、邮局、医院等公共场所和工作人员交谈,和其他地方来的人交谈"几种情况。在语言态度方面,设计了一些和语言态度相关的句子,将对这些句子的看法设计成"完全同意、比较同意、既不同意也不反对、有些反对、完全反对"五个程度级,构成了一个二维的五度量表来测量农民工对普通话和家乡话的功能评价、地位评价、情感认同三项内容。

对结果变量的操作化完成之后,还需要对原因变量进行操作化。研究在问卷调查中要求受访者填写自己的性别、职业、年龄和文化程度,具体的划分和构成情况见表 4-2。

表 4-2 在京农民工样本构成情况(引自夏历 2007)

背景信息		样本数(总计340人)	比率(%)	背景信息		样本数(总计340人)	比率(%)
性别	男	193	56.8	年龄	20 岁以下	87	25.6
	女	147	43.2		20—30	134	39.4
职业	建筑工人	66	19.4		31—40	76	22.4
	餐饮服务人员	87	25.6		41 岁及以上	43	12.6
	美容、美发人员	71	20.9	文化程度	小学及以下	34	10.0
	小生意人	74	21.8		初中	204	60.0
	其他	42	12.3		高中及以上	102	30.0

调查结果最终基本证明了研究假设,并且发现,农民工言语社区是一个多层次的结构体,表现出多角度的层化态势。如在性别上,男女在语言选用、语言态度上都表现出一定的差异,尤其是在语言态度上,对普通话的态度女性比男性更积极,对于家乡话男性的态度更保守一些,这符合女性一般处于语言变化领先地位的社会语言学研究结论。又如,农民工的语言选用和语言态度,在"务工时间长短"上也表现出了差异,出来务工时间长的农民工,在语言选用上分离性更强,在语言态度上对普通话的接受、认同度高,对自己家乡话的态度更加理性;而出来务工时间很短的,在语言选用上和语言态度上都同务工时间长的有所不同,表现出随着务工时间的推移,语言选择与语言态度呈现不同状态的一种层化态势。

这些结论的得出离不开对原因变量和结果变量的严格选择与把握,而在完成了概念化和操作化之后,还需要对变量进行测量。比如上文夏历的研究中把年龄分为"20岁以下""20—30岁""31—40岁""41岁及以上",而徐大明等学者的研究中把年龄分为"15—44岁"和"45岁以上",这就是测量方式的不同。对于同一个变量,研究者需要根据本研究的实际情况来决定测量方式和层次,这就是我们下一节要讲的内容——研究变量测量的方法和检验。

4.3.2 研究变量的测量

研究变量的测量需要遵循两个基本原则:穷尽(exhaustive)和互斥(mutually exclusive)。穷尽是指测量的项需要穷尽变量的可选项,比如在调查职业时,如果只设置学生、工人、老师这三个选项,就是不穷尽的,这样的选项会使受访者陷入困境。

互斥则是说各个选项之间互斥,选择了这个就不能选择那个。比如说在测量交流能力时,如果选项是"流畅""能听懂"和"不能听懂",就显然会造成误解,因为这三个选项不是互斥的。如果设置为"听不懂""能听懂不会说""会说一点儿""基本能交流""交流没问题",受访者选择起来就明白得多。

在对概念进行复合测量时，会采用量表的形式。以《汉语第二语言学习者接受性词汇量实证研究》一文为例，在确定了"汉语第二语言学习者"和"接受性词汇量"两个概念之后，研究者需要对其作操作化的处理，其中"以汉语为第二语言的汉语学习者"这个概念比较直白，不存在多个维度，所以也不必多做解释。本文操作化的重点就放在了"接受性词汇量"上。通过文献梳理，作者发现，词汇量是反映第二语言学习者语言水平的重要指标，也是编写词汇大纲的重要因素。已有的汉语第二语言词汇量的测量工具有一定的局限性。因此作者综合衡量已有测量工具在形式和词汇选取等方面的优缺点，编制了一套具有普适性的汉语第二语言学习者接受性词汇量的测量工具。

测量形式方面，在已有研究中，测量工具基本上采用问卷的方式。问卷中的题型主要包括词义选择、词义匹配、词汇联想、完形填空、翻译和释义、五点量表评定、自我评定和用目标词造句等。其中，词义匹配、词汇联想、完形填空、翻译和释义、用目标词造句等形式旨在测量产出性词汇量。五点量表和自我评定的方式虽简单易行，操作方便，但较为主观，由于学习者学习风格的不同，很可能出现学习者过高或过低估计自己词汇量的辨识情况。因此研究采用词义选择这种相对客观、操作相对容易的测量形式。

在测量的词汇选取上，词汇大纲是汉语第二语言教材编写和词汇学习的重要依据，与测量对象的学习情况最为接近，适合作为选词来源。鉴于新大纲在词汇单位上存在的问题，研究者决定以《汉语水平词汇与汉字等级大纲（修订本）》为选词范围。

测量工具采用选择题的形式，每个词给出4个解释，让学习者从中选出一个正确的解释。在编制问卷时，用来释义的词尽量简单，释义中应避免出现目标词的成分。此外，为了避免出现因为选项中的释义用词太难而影响学习者正确选择的情况，调查者对所有的释义给出了英文解释。所有的英文释义均经过来自美国的汉语高水平者的审核。

> **情景演示：**
>
> 16. 手工 shǒu gōng
>
> A. 自己去做 do by oneself
>
> B. 正在做 doing something
>
> C. 用手做东西 made things by hand
>
> D. 现在手上的工作 the work you're doing right now

制定了测量的指标体系或者量表之后，还需要对已有的测量方式进行信度和效度的检验。

研究的信度是指这一测量方式的可靠性，主要表现为能否再重复。比如说你想要称体重，而一个秤每次的数值都相差2公斤以上，那么这个秤肯定坏了，也就是说这个工具的信度比较低。有时由于调查者表述的差异，受访者对概念的认识不清楚或不一致，或者受访者已经事先了解问题的意图，就会导致信度的降低。

研究的效度则是指测量方法的真实性和准确性，效度要求研究者找到一种对于某个变量最有效的测量方法。如果你想称体重，却拿了一把尺子，显然是测不出有效的数据的。在实际研究中，变量模糊不清，不满足互斥和穷尽的条件，就会导致效度偏低。

为了保证测量的信度和效度，研究者不仅需要在概念化、操作化的过程中小心谨慎，而且还可以对信度和效度进行检验。比如说在问卷调查时采用A、B卷，查看同一组受访者的答案是否趋于一致，就可以检验问卷的效度。如果想要检验测量方式的信度，则可以在同样的条件下展开多次测量，并对其结果数据作相关性分析，如果相关性越强，测量的信度也就越高。

【练习】

1. 找出《语言文字应用》期刊的文章10—15篇，阅读并记录研究的原因变量、结果变量是什么，测量方式又是什么。将这些内容制成表格,查看这些研究有什么异同。

2. 变量的测量可以划分为四个层次,包括定类测量、定序测量、定距测量和定比测量。请你通过查阅资料找出这些概念的定义,并自己试着为每一种测量方式举例子。

3. 除了文章中的内容外,还有哪些方法可以用于验证测量的信度和效度?试着阅读尽可能多的文献,找出社会科学研究尤其是社会语言学研究中的相关方法。

4.4 研究的抽样方法

> 同质性是普遍存在的社会现象。
> ——Lazasfeld-Merton(1954)

抽样(sampling)是从研究总体中选取一部分代表性样本的方法。例如我们要研究某城市居民的语言使用问题,那么整个城市居民都是我们的研究对象。但这样耗费的各种成本是巨大的,我们基本上不可能对每一个居民进行调查研究,而只能采用一定的方法选取其中的部分居民作为调查研究的对象,这种选择调查研究对象的过程就是抽样。采用抽样法进行的调查被称为抽样调查。

名词解释:

1. 总体或抽样总体(population)

总体(population)通常与构成它的元素共同定义:总体是指构成它的所有元素的集合,而元素则是构成总体的最基本单位。在社会研究中,最常见的总体是由社会中的某些个人组成的,这些个人便是构成总体的元素。比如,当我们对某省大学生进行调查时,该省所有在校大学生的集合就是我们研究的总体,而每一个在校大学生便是构成总体的元素。

> 2. 样本(sample)
>
> 样本与总体相对应，是指用来代表总体的单位，样本实际上是总体中某些单位的子集。样本不是总体，但它应代表总体，抽样的标准就是让所选择的样本最大限度地代表总体。
>
> 3. 抽样单位或抽样元素(sampling unit/element)
>
> 抽样单位或抽样元素是指收集信息的基本单位和进行分析的元素。在社会科学研究中，常用的抽样单位是个体的人，它也可以是一定类型的群体或组织，如家庭、公司、居委会、社区等。抽样单位与抽样元素有时是一致的，有时是不一致的。如在简单抽样中，它们是一致的，但在整群或多阶段抽样中，抽样单位是群体，而每个群体单位中又包含许多抽样元素。
>
> 4. 抽样框(sampling frame)
>
> 抽样框又称作抽样范围，它指的是从总体中获得的所有抽样单位的集合名单。比如，从一所中学的全体学生中，直接抽取200名学生作为样本。那么，这所中学全体学生的名单就是这次抽样的抽样框。

抽样的基础是变量属性值的相等或者相似。抽样的目的，是从研究对象总体中抽选一部分作为代表进行调查分析，并根据这一部分样本去推论总体情况。不过，如果研究的对象没有足够的量，这时候采用抽样方法反而是不准确的。

在语言调查过程中，抽样是必不可少的重要环节。这就要求必须做好抽样设计，使所选择的样本具有代表性。抽样设计就是确定抽样的原理与形式、程序和方法等。其基本原则包括四点：① 目的性，即根据研究目的进行抽样设计；② 可度量性，即根据样本值能做出有效的估计；③ 可行性，即在实际操作中能按预定的设计完成任务；④ 经济性，即以最小的代价去实现抽样的目的。基于以上原则，抽样时大致可包括如下几个步骤：

第一步：界定总体。

界定总体包括明确总体的范围、内容和时间。实际调查的总体与理论上设定的总体会有所不同，总体越复杂，二者的差别越大。例如，要研究某地青少年的双语使用情况，理论上的总体是这一地区符合一定条件的所有的青少年，但实际上我们能够抽样的总体并不能全部包括，也就是说只能根据我们所能够掌握的这一地区符合一定条件的青少年进行抽样。因此，抽样总体有时不等于理论上的研究总体，样本所代表的也只是明确界定的抽样总体。

第二步：确定抽样框。

这一步骤的任务就是依据已经明确界定的总体范围，收集总体中全部抽样单位的名单，并对名单进行统一编号进而组合成一种可供选择的形式，如名单、代码、符号等。抽样框的形式受总体类型的影响：简单的总体可直接根据其组成名单形成抽样框；但对构成复杂的总体，常常根据调查研究的需要，制定不同的抽样框，分级选择样本。例如，2011年发表的《普通话普及情况调查分析》提到，根据项目实施的客观条件，普通话普及情况调查的调查规模定为三个省（区），每省（区）分三级行政区域确定样本地区：省会城市、地级市、县（县级市）。样本省（区）的确定考虑了代表性的问题，南方方言区、官话区和少数民族语言地区都应该考虑。选择样本地区考虑的主要因素有以下几点：

● 2000年中国语言文字使用情况调查抽样方案中抽中的市县；

● 在样本省（区）内样本市县的地理分布尽量分散；

● 在有少数民族的地区，应当有自治州或自治县；

● 样本市县在2000年调查时的调查数据完整无遗漏。

在概率抽样中，抽样框的确定非常重要，它会直接影响到样本的代表性。因此，抽样框要力争全面、准确。

第三步：抽样设计。

抽样设计包括确定样本规模和选择抽样的具体方式。抽样的目的是用样本来代表总体，自然样本数越大，其代表性越高。但样本数越大，调查研究的成本也越大。因此，确定合适的样本规模和抽样方式是抽样设计中的一项重要内容。

第四步：评估样本质量。

评估样本质量即通过对样本统计值的分析，说明其代表性或误差大小。对样本代表性进行评估的主要标准是准确性和精确性：前者是指样本的偏差，偏差越小，其准确性越高；后者是指抽样误差，误差越小，其精确性或代表性越高。

在下一节中，我们将结合城市语言调查的实例着重介绍抽样设计的多种方式。根据概率论原理，常用的抽样形式主要分为随机抽样和非随机抽样两大类。二者的区别在于：前者按照随机原则来抽取样本，而后者不按随机原则抽取样本。所谓随机原理，是指抽取样本时必须严格遵循一定方法和规则，使得总体中每一个对象都有相同的机会被选入样本。这又称为等概率抽样。只有按照随机原则进行抽样，所抽出的样本才有充分的代表性，也才可以对抽样误差进行准确的计算，以估计它的可信度。

4.4.2 城市语言调查中的概率抽样

随机抽样又称概率抽样，是指严格按照随机原则来抽取样本，要求总体中每个单位都有同等被抽取的机会。由随机抽样所抽取的样本称为随机样本，这类样本具有较高的代表性。随机抽样法又分为下列五种不同的抽样方法（见图 4.4）。

随机抽样
- 简单随机抽样
- 等距随机抽样
- 分层随机抽样
- 分段随机抽样
- 整群随机抽样

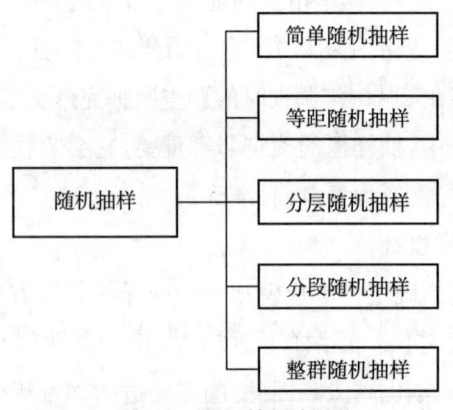

图 4.4 随机抽样方法

简单随机抽样

简单随机抽样,也称纯随机抽样,是指按照随机原则从总体单位中直接抽取若干单位组成样本。它是最基本的概率抽样形式,也是其他几种随机抽样方法的基础。

如果研究者对样本所知不多,那么常常使用简单随机抽样来对样本有个大概的把握,因此简单随机抽样常常用于预调查中。如果要调查大学生的网络流行语使用情况,而不清楚不同年级、性别、专业的大学生使用的网络流行语是否有系统差异,也不了解大学生常用的网络流行语是什么,那么就可以用简单随机抽样选取样本进行摸底。

城市语言调查中,简单随机抽样也可用来选取调查地点。如徐大明、付义荣(2005)在调查南京城区的语言使用情况时,以南京城区地图为抽样框采用随机抽样的方法抽取调查地点,具体操作过程如下:在抽样的时候,使用一张南京城区地图作为一个抽样框。首先将该地图横分10格,竖分15格,平均划分成150个方格。然后自左至右、自上而下给所有的小方格顺序编号。随后在随机数字表中取得一列一列的三位数字。从150个编了号的小方格当中,一共抽取了10个小方格,每个实际上代表的是一个大约两平方公里见方的地区,成为10个调查地点。

对按照随机数字抽中的地区,还需要逐个进行进一步鉴别,将那些被抽中但不适用的调查地点排除在外,如长江、玄武湖的水面地区、紫金山林区、绕城公路以东的未建设地区等。放弃那些抽中但不适用的地区后,再次重复抽取和鉴别的过程,直至抽满10个调查地点。此外,浦口、江宁等新区在言语交际方面与老城区联系并不紧密,事先也被排除在外,最后将这次调查的范围确定在了鼓楼、建邺、白下、秦淮、玄武、下关、栖霞七个老城区,因为它们基本上构成了南京城区的主体。

用简单随机抽样来选择调查地点,是因为想要增强调查的代表性,研究整个南京市区的语言情况。通过上述抽样过程,研究者最后确定了10个调查区点,并在这些区点内行人较多的地方进行了调查,它们分别是:36号地区,克庄村附近地区;43号地区,大桥南路靠近大桥公园地区;73号地区,古林公园以西附近地区;74号地区,草场门、山西路、宁海路及附近;87号地区,明故宫路、卫岗及以北地段;96号地区,御道街及以西地段;103号地区,向石路、兴隆路附近地段;105号地区,夫子庙及以南地段;112号地区,江东路莲花东村附近地段;114号地区,雨花西路、雨花南路路口附近地区。

等距随机抽样

等距随机抽样也称机械随机抽样或系统随机抽样,是指按照一定的间隔,从根据一定的顺序排列起来的总体单位中抽取样本的一种方法。

具体做法是:首先将总体各单位按照一定的顺序排列起来,编上序号;然后用总体单位数除以样本单位数得出抽样间隔;最后采取简单随机抽样的方式在第一个抽样间隔内随机抽取一个单位作为第一个样本,再依次按抽样间隔做等距抽样,直到抽取最后一个样本为止。

为了证明词汇量和语言综合能力的关系,吕长竑(2004)利用高校新生词汇量调查卷和高校新生分级考试卷进行测试,根据总体分级考试成绩采用等距抽样方式随机抽取样本。

这项研究的抽样总体为西南地区一所全国重点理工科大学某年入学新生(共1610人),涉及全校各专业学生。被试总体于入学教育后,正式开课前一天,同时完成了两套试卷的测试。一套用于测试词汇量,另一套用于测试英语水平。试后由任课教师按统一标准阅卷,由于均为客观题,阅卷信度是可靠的。阅卷完毕后,将这1610名被试以班为单位,按分级考试成绩由高到低排序,以等距抽样方式每8份抽一份,共抽出200份作为本研究的随机抽样样本。

分层随机抽样

分层随机抽样,也称类型随机抽样,是指首先将调查对象的总体单位按照一定的标准分成各种不同的类别(或组),然后根据各类别(或组)的单位数与总体单位数的比例确定从各类别(或组)中抽取样本的数量,最后按照随机原则从各类(或组)中抽取样本。

分层抽样常用于样本总体内部存在要素差异的情况。比如在测试识字量时,首先要通过抽样方法选择测试用字,这时常常使用分层随机抽样。一种是按照词频来分层,研究者将字库的所有字按照字频排序,然后固定字数间距,在每个间距中随机抽取若干字。如洪俪瑜等在确定一至二年级测试用字时,在5021个字的字库中,按照字频排序,在前1~200字中,每50个字选1个字,共抽取4字。在201~800字之间,以200字为一级,每200字随机抽取4字,共抽取12字。在801~1600字之间,以200字为一级,每200字随机抽取3个字,共抽取12字。在1600~2000字之间,随机抽取3个字。Lee(1997)和Hue(2003)都采用这种取样方式。

还有一种抽样方式,是根据经典测量理论计算字的难度,然后分级进行抽样。如王孝玲、陶保平(1996)根据数理统计中抽样技术的原理及方法,选取了内曼(Neyman)最优配置法,将各年级抽样范围内的汉字按识字率的高低分成十组,分别计算各组抽取的字数,再随机抽取测试用字。

识字测试在理论上可以对规定范围的全体汉字进行测试,这是估计识字量的最准确的方法,然而考虑学生的承受能力和一般测验的客观状况,每位被试可接受的测试时长非常有限。由于识字量测试范围较大,一般在3000字以上,选取抽样的目的就是在估计达到一定可靠度的前提下抽取最少的字。第一种抽取方法抽样较为简单,便于操作,采用这种方法,抽中的高频字较多,低频字较少,可能会导致高估识字量。第二种方法最大的优点是分组的同质性强,但是操作难度较大,而且抽取用字太多,给实际测试带来较大不便。因此有学者提出,更为有效的解决方法可能是,根据字频恰当分组,再抽取合适数量的测试用字(温红博等2015)。

分段随机抽样

分段随机抽样,也称多段随机抽样或阶段随机抽样,是一种分阶段从调查对象的总体中抽取样本进行调查的方法。它首先要将总体单位按照一定的标准划分为若干群体,作为抽样的第一级单位;再将第一级单位分为若干小的群体,作为抽样的第二级单位;以此类推,可根据需要分为第三级或第四级单位。然后,按照随机原则从第一级单位中随机抽取若干单位作为第一级单位样本,再从第一级单位样本中随机抽取若干单位作为第二级单位样本,以此类推,直至获得所需要的样本。

在调查总体内部有比较明显的层级性时,分段抽样是一种理想的抽样方式。如王立(2008)在语言期望与中小学生的语言成长调查中,先采用概率抽样的分段抽样方法对武汉全市在册的741所各种类型的中小学进行编号建立抽样框,先采用分层抽样的方法从中随机抽取4%的学校(30所),然后再在30所学校中分年级抽取2400名调查对象构成调查样本。这样就确保了抽样的随机性与样本对总体的代表性。

朱学佳(2014)在调查乌鲁木齐市维吾尔族汉语使用变异情况时也使用了分段随机抽样。各阶段抽样单元确定为:第一阶段街道办事处抽样;第二阶段社区抽样;第三阶段家庭户抽样;第四阶段个人抽样。分段抽样中常常包含其他的抽样方法,在本案例中,为进一步提高抽样效率,减少抽样误差,前两阶段均采用按与人口成比例的不等概率系统抽样;第三阶段采用等概率系统抽样,即等距随机抽样;而第四阶段采用简单随机抽样。

整群随机抽样

整群随机抽样,又称聚类抽样,是先把总体分为若干个子群,然后一群一群地抽取作为样本单位。它通常比简单随机抽样和分层随机抽样更实用,像后者那样,它也需要将总体分成类群,所不同的是,这些分类标准往往是特殊的。

整群抽样的具体做法是:先将各子群体编码,随机抽取分群数码,然后对所抽样本群或组实施调查。因此,整群抽样的单位不是单个的分子,而是成群成组的。凡是被抽到的群或组,其中所有的成员都是被调查的对象。这些群或组可以是一个家庭、一个班级,也可以是一个街道、一个村庄。

邬美丽(2008)在对在京少数民族大学生的家庭语言进行调查时就使用了整群调查的方法。在中央民族大学的少数民族大学生中选取以下样本群:中央民族大学 2004 级所有在校的蒙古族、藏族、维吾尔族、哈萨克族、朝鲜族、壮族、苗族大学生,从中抽取一定数量的样本,作为调查对象。

4.4.3 城市语言调查中的非随机抽样

在实际的调查过程中,还有一类抽样方法,称之为非随机抽样,它不是严格按照随机原则抽取样本,而是根据调查者的主观经验和主观判断选择样本的。

与随机抽样相比,虽然这类非随机抽样的代表性差,提供的资料信息较零散,难以从样本调查的结论中对总体做出准确的推断。但是,由于它非常简便易行,并能通过对样本的调查而大致了解总体的某些情况,对调查研究工作很有启发性。因此,它适用于那种调查对象的总体没有客观属性的区分,以及不需要准确推断总体情况的调查。常用非随机抽样的方法主要有以下几种(见图 4.5)。

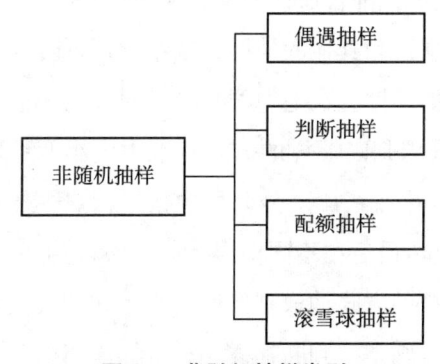

图 4.5 非随机抽样类别

非随机抽样
- 偶遇抽样
- 判断抽样
- 配额抽样
- 滚雪球抽样

偶遇抽样

偶遇抽样,也称方便抽样,是指调查者将自己在特定场合下偶然遇到的对象作为样本的一种方法。如在商店门口、街头路口、车站码头、公园广场等公共场所,随便选取某些顾客、行人、旅客、观众等作为样本进行调查研究。这种方法比较简单方便,适用于探索性研究,但样本的代表性较差,具有很大的偶然性。所以在正式的城市语言调查中并不常见。

判断抽样

判断抽样,也称主观抽样,它是调查者根据自己的主观印象、以往的经验和对调查对象的了解来抽取样本的范围、数量和实施办法的一种方法。这种主观抽样所抽取的样本是否具有代表性、所得出的结论是否准确,完全取决于调查者本人的判断能力,以及对调查对象的了解程度。因此这种方法具有很大的主观随意性。

这种抽样适用于那些总体范围较小、总体单位之间的差异较大的调查。当研究者对总体状况较为熟悉时,用这一抽样法所选择的样本也有较高的代表性。比如焦成名(2009)在做上海土著学生语言行为调查时,就根据研究者个人的判断从调查问卷中筛选出符合"上海土著学生"条件的全部样本进行研究。劲松、牛芳(2010)在调查长沙地方普通话时,也是通过自报和周围人的评价判断选择了42名"既会说长沙话、长沙普通话,又能说标准普通话的本地人"作为调查对象。

判断抽样还常常和其他的抽样方法结合,既能提高代表性,又能发挥研究者的主观能动性。在毛力群(2013)对义乌小商品城经营户语码的调查中,首先采用判断抽样的方式选取中国小商品城下属4个分公司作为选样范围,然后在4个分公司中按经营户主体数的比例随机选择相应数量的商位,最后在不同楼层、不同经营行业的商位中采用简单抽样和滚雪球抽样的方式抽取到经营户个人。谢俊英(2004)对新词语社会知晓度的调查则是把判断抽样和整群抽样相结合,对收集到的400多条新词语和时尚词语按表示新事物新概念的词语、缩略词语、新说法和方言色彩词语等标准进行了分类,再在每一类中按比例抽取词语,制成了可使用的调查用词表。

配额抽样

配额抽样,也称定额抽样,即调查者首先确定所要抽取样本的数量,再按照一定的标准和比例分配样本,然后从符合标准的对象中任意地抽取样本。其方法类似于分层随机抽样,但它不是按照随机原则抽取样本,所以也可以看作非概率分层抽样。例如,我们可以根据研究目的,把总体按性别、民族等变量进行分组,然后分配相应的样本数选取样本。

这种配额抽样比前两种方法所抽取的样本更有代表性,而且简便易行,在民意调查中经常使用。

邹玉华等(2006)调查字母词知晓情况时,根据职业把调查对象分为学生、政府管理人员、教师、信息技术人员、媒体采编人员5类,然后在5类中根据性别、年龄、教育程度等变量组合出各小类,再根据比例确定所抽人数。这就是典型的定额抽样。又如对浙江丽水"丽"的读音调查(刘美娟 2011)中,作者也采取定额抽样的方法,分别选取浙江丽水当地和浙江省外的大学生、中学生、小学生、教师、机关公务员、市场经营各类买卖的商人各100人。这样既确保了语料收集的规模化,又保证了样本分布的均衡化。

滚雪球抽样

滚雪球抽样,顾名思义,就是以少量样本为基础,像滚雪球一样逐渐扩大样本的规模,直至找到足够的样本。此法适用于对调查总体不甚清楚的情况,常用于探索性的实地研究,特别适用于对小群体关系的研究。例如我们要了解某个人经常交往的社会圈子,就可以通过这个人提供的线索找到更多与他有关联的人。

其具体做法是,先找到一个或几个符合研究目的的对象,然后根据这些对象所提供的线索找另外相关的对象,依次进行,直至达到研究目的。滚雪球抽样法所选择的样本有时会有很大的随意性和特殊性,因而代表性不高。但是在语言调查中,如果你的研究对象是小众群体,或者接触的渠道比较少,往往就需要使用滚雪球抽样法。

米尔罗依(Milroy)在调查英国贝尔法斯特市工人居住区的语音变异时就采用了这种抽样方法,夏历(2007)在调查在京农民工语言状况时也使用了滚雪球抽样,因为农民工一般都以亲缘关系或地缘关系聚集在一起。

在对农民工的语言调查上,有学者借鉴了社会学的抽样方法,即适应性区群抽样(Adaptive Cluster Sampling,简称 ACS)。这一方法最早应用于对分布广阔、总体不明、稀少但聚集的珍稀动植物的研究,后来在社会学领域逐渐发展成为研究总体不明情形下的一种重要抽样方法。城市农民工群体具有较强的流动性和聚集性,总体分布不明,同样难以建立有效的抽样框,这使得常规抽样方法效率低且成本高,而适应性抽样方法不需要建立抽样框,可以使调查聚集于特定区域,调查成本较低,调查组织和实施也更方便,能经济高效地获得概率样本,因而是目前调查农民工最为适宜的抽样方法。

2014 年,秦广强在北京市采用 ACS 方法抽取并获得了 843 户农民工的详细信息。在整户调查的基础上,又在每户中随机选取一位年龄在 16—65 岁之间、未上学且为农业户口的成员开展进一步的调查,从而形成对京城农民工总体状况的统计推断。

在进行调查时,研究者应该牢记通过科学抽样的方式选取调查对象,一方面抽样总体和抽样单位要满足"量"的要求,"必须要有足够数量的、不同类型的语言数据";另一方面还要"考虑收集语言数据的社会环境"。因此,我们在抽样时要尽量在性别、年龄等基本社会角色特征上做到均衡,才能在分析语言使用和社会因素的相关性时保证科学性。

【练习】

1. 通过学习本节内容,你了解到了哪些抽样办法,各个抽样办法的优缺点是什么,适用于什么样的研究?

2. 如果你需要调查一个地级市的语言使用情况,你会怎么安排抽样的层次和方法?

4.5 试点调查

在上一章讨论问卷调查方法时,我们就提到过预调查这一概念。预调查在社会科学研究中也称试点调查或导航性调查。它是指大型的调查研究开始前,选择调查范围内的某一局部,进行典型的个案调查或很小范围内的抽样调查,以获取生动实际的第一手资料的方法。

试点调查实际是正式调查的预演。通过试点调查,可以及时发现一系列不经过实践不可能发现的种种理论问题和难以预料的各种实际问题以及调研计划中的薄弱环节和遗漏的空白点等。

试点调查可以为修改和完善调研计划提供科学的依据,防止在调研活动中出现重大失误。同时,试点调查还可以为正式调查训练调研人员,积累调研经验。因此,在大型的调查研究开始前进行试点调查是很有必要的。

张倩(2003)在调查青岛年轻人语言态度时,对实验的结果进行了预期假设:被试的性别、文化程度、童年经历这几个因素与其对普通话及青岛话的态度相关,被试的语言态度将由此呈现相应的分层。而在亲和力层面上,对青岛话变语及青普话变语评价较高。

抱着这个假设,研究者做了一次试点调查,结果显示年轻人群体被试对青岛话变语在亲和力层面上的评价明显高于中年群体被试,体现出对青岛话更深的方言情结。这与西方此类研究的结果有明显差异。为此,研究将重点转移到了青岛年轻人的语言态度上,只调查青岛年轻人的语言态度情况,探讨影响其语言态度的社会因素。

这个案例体现了试点调查的探索性质,它要为大规模调查提供经验材料。调查过程中应注意各种资料的收集分析,并认真总结经验教训,尽可能多地为下一步正式调查创造条件。因此,试点调查必须按照设计的步骤和要求进行,否则达不到试点的目的。

【练习】

1. 试点调查的定义和目的是什么?
2. 试点调查和后续调查的关系是什么?

参考文献

[1] 丁沾沾.粤北连南"军声"社区的双言应用与语言和谐[J].语言文字应用,2018(3):51-59.

[2] 桂诗春,宁春岩.语言学研究方法[J].外语教学与研究,1997(3):17-23.

[3] 焦成名.上海土著学生语言行为报告[J].语言文字应用,2009(1):27-37.

[4] 劲松,牛芳.长沙地方普通话固化研究——地方普通话固化的个案调查[J].语言文字应用,2010(4):41-49.

[5] 刘美娟.地名读音的社会语言学考察——以"丽水"的"丽"为例[J].语言文字应用,2011(03):73-78.

[6] 吕长竑.词汇量与语言综合能力、词汇深度知识之关系[J].外语教学与研究,2004(2):116-123,161.

[7] 毛力群.国际化市场背景下的语言选择——以义乌中国小商品城经营户语码转换情况为例[J].语言文字应用,2013(4):47-53.

[8] 秦广强.进京农民工的语言能力与城市融入——基于适应性区群抽样数据的分析[J].语言文字应用,2014(3):20-28.

[9] 王立.语言期望与中小学生的语言成长[J].语言文字应用,2008(4):35-42.

[10] 温红博,唐文君,刘先伟.义务教育阶段学生识字量测验的编制研究[J].语言文字应用,2015(3):88-100.

[11] 邬美丽.家庭语言使用的代际差异及思考[J].语言文字应用,2008(4):43-52.

[12] 夏历.农民工言语社区探索研究[J].语言文字应用,2007(1):94-101.

[13] 肖路,张文萍.上海市中职生普通话口语运用现状的调查分析与对策研究[J].语言文字应用,2012(S1):24-31.

[14] 萧浩辉.决策科学辞典[M].北京:人民出版社,1995.

[15] 谢俊英.新词语与时尚词语社会知晓度调查与分析[J].语言文字应用,2004(1):47-55.

[16] 俞玮奇.普通话的推广与苏州方言的保持——苏州市中小学生语言生活状况调查[J].语言文字应用,2010(3):60-69.

[17] 俞玮奇.苏州市外来人口第二代的语言转用考察[J].语言教学与研究,2011(1):82-88.

[18] 张江丽.汉语第二语言学习者接受性词汇量实证研究[J].语言文字应用,2017(3):125-133.

[19] 张倩.青岛年轻人语言态度研究[D].北京:北京语言文化大学,2003.

[20] 周锦国.云南省民族地区民族学生语言使用情况调查分析[J].语言文字应用,2018(1):21-30.

[21] 朱学佳.乌鲁木齐市维吾尔族汉语使用变异的社会因素分析——以汉语媒介接触中的性别为例[J].语言文字应用,2014(3):29-34.

[22] 邹玉华,马广斌,马叔骏,等.字母词知晓度的调查报告[J].语言文字应用,2006(2):36-42.

第五章　城市语言调查报告与论文撰写

本章要点

1. 城市语言调查论文的内容结构。
2. 撰写城市语言调查论文的要点。
3. 撰写城市语言调查论文的规范。

来到本书的最后一章，在分享了城市语言调查的背景、方法和程序之后，这一章我们着重讨论如何呈现城市语言调查的数据与调查结果，也就是撰写调查报告和论文。对于调查报告和论文，我们将分别介绍其基本内容、格式规范以及学术要求。在阅读完本章之后，相信读者朋友会对如何写出规范的城市语言调查报告与论文、如何鉴别好的学术研究有更深的体会。

在经过选题、研究设计、实际调查、语料搜集和数据整理等一系列工作之后，你大概已经发现城市语言调查并不是一项轻松的工作。当然，你的脚步还不能停下，接下来你要面对的是如何根据这些数据与统计结果来完成一份调查报告或者一篇有价值的语言学论文。之前的城市语言调查计划书、数据收集和分析方案的草稿、问卷文本和语料等等内容，光是摆在一起可不行，你需要根据这些已有的成果，按照一定的规范，写出一篇逻辑通顺、语言流畅，又有独到发现的学术报告或论文。

要知道,这和之前的研究设计书不同。城市语言调查报告和论文要求你基于已有的成果证明或者证伪最开始的研究问题。学术研究结果的呈现是基于研究设计的,但是随着调查的完成,你对于研究问题、研究对象、研究方法包括早期设定的研究成果等等内容,都会有一些变化或者更加深入的思考与认识,相信你对报告或者论文的整体框架也会有更多的反思,你也因此能够提炼更加鲜明的观点,发现更有意义的研究成果或者启示。

不管是城市语言调查的报告还是研究论文,都不是单纯的对调查数据的简单描写。诚然,调查语料和数据是城市语言调查报告或论文中不可忽略的重要部分,但是需要依托某种理论或某种假设对这些语料、数据进行提炼、概括。没有前面的部分,研究结果也就没有了意义。此外,研究结果需要和讨论结合起来,单纯地呈现数据和语料只是提供了证据,更重要的是把证据和观点结合起来,并建立起证据—观点—研究问题之间的逻辑关系。

城市语言调查的报告或论文,不同于纯文学文本,也不同于商业文案、文书等其他应用型文本。它们需要在一定的篇幅内尽量科学、客观、全面地呈现问题,解释问题,其写作非常考验研究者的文字功底和逻辑水平。当然,城市语言调查报告或者论文写作也会有一些"潜规则",也就是学术写作规范。了解这些会使你规避很多错误,接下来我们就将详细介绍城市语言调查报告或研究性论文写作的主要内容和注意事项。

5.1 城市语言调查报告的结构和内容

调查报告是介绍城市语言生活状况的书面文本形式之一,主要是对调查中搜集到的事实数据、相关语料(比如关于城市居民语言使用状况、应用能力、教育情况和语言态度等内容的数据)整理概括而来的报告。城市语言调查报告作为一种对事实数据的描写,一般具有全面和直观两个特点。全面是指调查报告中常常会呈现出调查的各个方面和层次，直观则指在展示问题和结果时常会用图表、数字等形式。

一篇城市语言调查报告需要包括以下内容。

5.1.1 介绍调查背景

这一部分主要是对调查地、调查目的等内容的介绍。即使是北京、上海等超一线大城市，也需要介绍其人口和语言的基本情况。比如在《北京城区本地青年人语言使用调查报告》中，就这样介绍北京城区的基本情况：

> 20世纪80年代之前，北京市常住人口绝大部分为北京本地人，主要的城市语言是北京话；改革开放后，大量外来人口进京，推动和促进了普通话的使用，普通话和北京话共存，并共同影响和改变着北京话的语言特点和地位，这种影响和改变主要在语言使用中体现出来。

如果调查地点是国内非一线的城市或者非本国境内的城市，则往往需要进一步说明城市的地理特征和人口特征，如《泰北华裔中学生语言使用情况调查报告——以清莱府的两所中学为例》中，对其调查地清莱府美斯乐华人村做了如下介绍：

> 美斯乐村位于清莱西北60公里海拔1300米的美斯乐山上。据当地居民告知，定居在美斯乐村的华人超过两万，散居在56个村寨。主要是祖籍云南的原国民党第九十三师的军人及其后裔（黄昆章2007），也有来自云南的回族、苗族、瑶族等少数民族，还有一些"文革"期间先越境参加外国红色游击队，最后辗转流落到此的中国知青。目前就读中小学的孩子已经是第三代、第四代华裔了。由于云南人居多，这里又被称为"云南村"或"泰国的小中国"。本文中所说的"汉语"包括普通话和云南话。

城市语言调查报告中，调查目的需要写一些什么内容呢？可以简单说明一下调查的现实意义或理论意义。如果本次调查归属于一个更大的项目,则通常要说明本次调查所属项目的名称、实施情况和本次调查在项目总体中的地位。当然,这些内容都需要用尽可能简洁的语言表达。比如在《上海市语言文字应用能力及使用状况调查报告》中,虽然项目规模宏大,但是对背景的介绍简明扼要,具体内容如下所示:

> 语言文字使用情况是国民社会语言生活的集中体现,属于重要的国情信息。1999年的"中国语言文字使用情况调查"为考察国民社会语言生活状况提供了一个基本框架和一套比较实用的调查方法。但这项调查距今毕竟已经十多年,较之当时,整个国家各方面的基本国情都发生了巨大的变化,上海亦是如此。单就常住人口数量而言,上海现今实有人口已经达到2433.4万,比1999年增长了61%;其中来沪人口达到982.3万,比1999年增长了190%,人口集聚效应非常明显。因此,即便仅从单纯的统计学意义上看,也已经到了必须重新测量的时间。更重要的是,随着经济、社会的快速发展,语言文字使用情况事实上比以往任何一个时期都复杂,甚至出现了不少以前始料不及的重要考查要素,如在互联网、移动通讯快速普及的背景下,语言文字的信息化处理能力已经成为不可忽视的语言生活要素。

当然,如果本次调查和前期调查关系比较密切,同时又涉及比较新的理论,则可以依据实际情况增加这方面的篇幅。比如说在《南京言语社区语言态度调查报告》(2010)中,就比较详细地介绍了前期调查成果和调查的理论基础。

5.1.2　介绍调查对象和调查方法

这部分需要说明本次调查选择了哪些调查对象,选择的依据是什么,使用了什么调查方法,调查的大概内容是什么等问题。既可以比较详细,也可以比较简单,比如《泰北华裔中学生语言使用情况调查报告——以清莱府的两所中学为例》就简略地介绍了调查方法:

> 此次调查主要采用调查对象自填问卷的方式,同时调查者也

做了一些访谈和记录。调查时共向兴华中学和大同中学两所学校的学生发放了300份问卷,收回279份,有效答卷273份。调查内容主要包含三个部分,分别是:一、调查对象的背景信息;二、调查对象目前的语言使用情况;三、调查对象的语言态度以及语言期望。

而《北京城区本地青年人语言使用调查报告》中,则对抽样方法和样本情况、被访者的社会网络、调查的具体方法和内容等等都有很详细的说明。像这一类比较详细的报告的信度和效度会更高,更有说服力,也更容易从现象中提炼出观点。这篇报告在介绍调查方法和内容时,实际上将方法和理论结合在了一起,非常具有示范性,具体内容如下:

语言使用情况包括语言保持、语言态度、语言选择和语码转换四个部分,后三者又与被访者的语言认识密切相关。语言保持考察被访者北京话的状况或北京口音的保留程度,语言态度考察被访者对北京话和普通话的评价,语言选择考察被访者对自己平时使用哪种语言的评估,语码转换考察被访者在语言使用中是否根据场合的不同切换不同语言,语言认识则考察被访者对北京话和普通话的感性认识和理性认识。

我们采用面对面访问和电话访问两种方式,与被访者进行较为轻松的谈话,谈话时间为15分钟左右,内容以闲聊为主,穿插提出事先准备好的问题,结构访谈与非结构访谈交替进行。具体操作中,调查者首先用北京话问被访者,"你觉得北京口音和普通话一样吗?"来考察语言意识。如果被访者认为"一样"则结束这项考察,如果被访者认为"不一样",则追问"你觉得有哪些不同?""你更喜欢北京话还是普通话?喜欢北京话或喜欢普通话的原因是什么"来考察语言态度;用"你平时的口音是偏北京话还是普通话?还是特意有所区分?"来验证被访者的语言意识,了解被访者的语码转换情况。

对语言保持的观察涉及"北京话"的确认标准。北京话是普通话的语音基础,但这两个语音系统并非完全重合。侯精一曾细致地梳理了所有北京话语音现象,指出北京话语音系统有许多超出普通话语音系统的地方。区别北京话和普通话,也有学者提出过其他意见。桂明超列出北京话和普通话的5条语音区别,此外还提出了"存在独特的方言词,会话中力求用词简练"这样一条词汇上的标准。本次调查综合侯精一和桂明超的研究成果,根据调查者本地人的语感,最终确定了下面5项作为"北京话"的简单判断标准:

(1) 儿化音是否广泛存在。比如,是说"一袋瓜子"(普通话),还是"一袋儿瓜子儿"(北京话)。

(2) 轻声是否广泛存在。如"冬瓜""西瓜"和"黄瓜"这些普通话中不读轻声的词是否轻声。

(3) 三音节词语中第二音节的擦音、塞擦音声母是否常被吞掉。如"不知道"读如"不道","居住地"读如"居u地"。

(4) 常用词是否存在特殊变调。比如两个去声相连时,前一个去声变为高平调或者上扬调,如"电视"和"再见";两个阳平相连时,前一个阳平变成高平调,如"其实"。

(5) 北京地名、物件的习惯发音。如"东直门、西直门"中"直"轻声、"门"不儿化。

根据以上标准,我们认为较好保持北京口音的人至少在语音标准中应该满足两条,同时应尽量地满足"使用北京话词汇"的辅助标准,如不说"这衣服四个口袋"(普通话)而说"这衣服四个兜儿"(北京话)。反之,则认为基本失去了北京话特点。

5.1.3 介绍调查数据的统计情况

即展现调查的结果,这一部分往往是围绕调查的具体问题展开。如果调查使用问卷或者访谈的方式,可以将每一个问题都列出来,在其下方附上调查结果的数据。如果调查体量大、层次多,则需要调查者先对问题进行归纳,再分类展示调查数据。

以《南京言语社区语言态度调查报告》为例,这篇报告搜集了292个数据,主要是调查南京言语社区内"语言不安全感"的现状。而所谓"语言不安全感",就是言语社区内的成员认为自己所使用的语言不好听、不正确。基于这一目的,调查报告对数据的处理主要通过三个角度进行:南京方言与普通话的相似度分析、对不同语言变体的情感评价以及推普必要性分析。具体的数据统计结果如下所示:

一是对南京话和普通话的相似度分析。问卷中的设问是:"您觉得南京话和普通话相似吗?"问题后提供了三项答案:"相似""不相似"和"其他"。调查结果表明:292个被调查者中有120人认为相似,占总人数的41.1%,168人觉得不相似,占57.5%,剩下6人是其他意见。统计的结果可以看出认为南京话和普通话不相似的近60%,多数人认为二者是不同的。

二是南京话的情感评价。问卷中设计的问题是:"您认为南京话好听吗?"共给出了三个答案"好听""不好听""其他"。119人认为好听,占40.7%,114人认为不好听,占39.0%,59人没有特别的感觉。从中可以看出对南京话的情感评价方面,认为"好听"和"不好听"的比例相当。

三是推普的必要性。在问卷中设问是:"您认为南京人在南京有必要讲普通话吗?"问题后提供了三个答案:"有必要""没有必要""其他"。其中218人觉得有必要,占74.6%,仅有55人觉得没必要,占18.8%,19人是其他意见。从中可以明显地看出,认为有必要的人数占绝对优势,说明推广普通话的意识已经深入人心。

其中,对南京话和普通话的相似度和"语言不安全感"直接相关。在这个问题中,有168人认为不相似,他们的"语言不安全感"依然存在。

当然,这部分文字表述只是对调查数据的一个初步概括,对于一个完整的调查报告来说是远远不够的。为了更加直观地展现数据,研究者通常把调查结果制作成对应图表。《南京言语社区语言态度调查报告》中就存在大量的表格。南京言语社区的系列调查中有一个重要的概念，就是"外部语言"，也就是说话人面对非本社区的对象时所使用的语言。在南京言语社区语言态度调查中，图 5.1 和表 5-1 展示了南京人外部语言的使用情况。

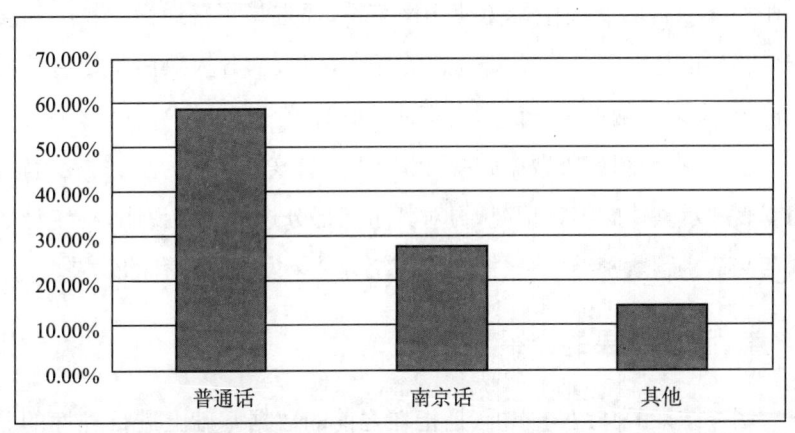

图 5.1　认为南京话和普通话不相似的人的外部语言使用情况（摘自王伟超等 2010）

表 5-1　具有"语言不安全感"的人的外部语言使用情况（摘自王伟超等 2010）

外部语言	比例
普通话	58.30%
南京话	27.40%
其他	14.30%

通过这些图表，读者可以对调查结果有一个更清楚的认识。对于研究者来说，调查数据的呈现越清晰，调查的科学性就越高。研究者只有拥有真实可信的数据，才能够对调查结果进行分析。

不过，需要注意的是，在展示图表时，要将图表和上下文有机地结合起来。通常我们会在正文中对图表进行文字说明，其原则是，选择和研究话题直接相关的，以及显示出明显差异的数据进行介绍。比如说，上文所展示的图表是为了证明对南京话和普通话的相似度判断同"语言不安全感"直接相关。其中，图 5.1 展示的是认为南京话和普通话不相似的人的外部语言使用情况,文中说明:"在这个问题中,有168人认为不相似,他们的'语言不安全感'依然存在。"接着,作为比较项,通过表格展示了具有"语言不安全感"的人的外部语言使用情况。结合图、表中的数据,文章的结论是:"可以看出有'语言不安全感'的调查者在外部语言中多数使用普通话,正是因为认为南京话和普通话不相似,于是在外部语言的使用中避免使用南京话,而选择了普通话,增加'语言安全感';也是因为语言不安全感的存在,使大部分人对南京话有消极评价,产生语言偏见——认为南京话不好听。"

总之,在介绍调查数据的统计情况时,应该以文字为主、图表为辅。用图表展示整体的统计情况,再对其重点部分进行文字说明,将统计数据和文章主题紧密结合,这样才能使统计结果发挥其应有的效果。

5.1.4 调查结果的介绍与分析

调查结果的介绍与分析,是指在之前的数据基础上进行理性的分析和总结,也就是说既要有分析过程,又要有结论。同时,结果分析必须和调查问题或者调查数据紧密相连,不能随意地主观发挥。要从调查的事实数据中深入挖掘更有重要意义的规律或特征。结果分析可以紧跟在分类的统计数据之后,也可以作为调查报告独立的一个部分出现。作为独立部分出现时,也需要体现和上一部分的联系。比如,在《京族语言使用与教育情况调查报告》中,它的结果分析就是依据前期设定的调查问题,逐一分析:

由家长的基本情况表可知,家长们的学历普遍不高,最多的是初中毕业,其次是高中毕业,没有人受过高等教育。但从他们对问题1和问题2的回答来看,他们都认识到教育的重要性,希望自己的孩子受到良好教育,有67.6%的家长希望自己的孩子达到大专以上毕业的学历。

由京族小学生对问题3、4的回答来看,他们较多地接受了汉文化的熏陶,一般在二年级(包括二年级)前已经听懂了当地的汉语方言：白话。绝大多数人在三年级（包括三年级）前听懂普通话。从对问题5、6、7的回答来看，京族人平时在家，用白话交流的也占了不小的比例（26.5%的人可以基本认定不会京语或者家人中有人不会京语），在学校里学生用白话交流的只比用京语交流的少10个百分点。不少人白话、京语都用。可以说，白话扮演了一个仅次于他们母语的重要角色。用双语教育的术语说，他们大多数都是双语人。但是他们的普通话水平很差，大多数家长不习惯用普通话和人交流。与外人交往，白话是最主要的工具。

调查结果的介绍与分析通常是对数据的抽象概括，在结果分析的最后，我们需要将这些概括汇总，发现调查结果的趋势和例外规律。结论应该是言简意赅且具有条理的。比如说《京族语言使用与教育情况调查报告》的调查结论就为以下四点：

1. 家长学历普遍较低，但对孩子受教育程度的期望值较高。

2. 白话成为他们第二重要语言，汉文化已深深融进他们的生活中。

3. 绝大多数人赞成让学生选学越南语，而且目的非常明确。

4. 大概有2/3的人赞成用越南语代替英语，赞成的家长比学生多一些。

在规模较大的城市语言调查项目中，也可以对调查结论进行一定篇幅的说明。比如《上海市语言文字应用能力及使用状况调查报告》就以稳健的文字对调查结果，同时也是上海市的语言文字应用能力和使用状况进行了宏观概括：

根据分析可以看出：上海市民普通话水平较之1999年进步明显，总体水平相对较高，且普通话水平与被调查者年龄、职业及居住城区具有一定关联性。汉字水平方面，上海市民汉字注音工具掌握得较好，但繁体字认写能力呈下降趋势，文言文阅读和汉字书法能力有较大提升空间。在语言信息化应用方面，上海市民整体水平较佳，九成以上被调查者能使用手机短信和电子邮件，但信息检索能力仍有上升空间,上海市民的语言信息化水平与年龄、职业和居住城区具有较大关联性。

在语言文字使用方面,上海市民在工作场合和家庭以外的生活环境中,以使用普通话为主,而家庭内部则使用上海话的比重更高,正式场合中,绝大多数被调查者倾向于使用普通话;输入法的使用方面,多数被调查者倾向于使用"拼音输入法"。这从侧面反映出上海市的普通话及汉语拼音普及推广工作开展得较好。

语言学习方面,上海市汉语言文字教学有序开展,英语教学开展状态良好,但乡村地区英语教学仍有上升空间。多数市民对上海话比较重视,支持上海话的推广。同时,多数上海市民对提高汉字书写能力、口头表达能力、繁体字认读能力也持赞成态度。英语学习方面,多数上海市民认为英语学习应在初中前开始,而高学历人群对"学英语越早越好"的看法认同度低于高中以下学历人群,被调查的教师中,多数也倾向于在学生母语能力达到一定程度后,再开展外语教学,这一现象值得关注。

总体而言,上海市民语言文字应用能力较强,普通话和汉语拼音使用广泛,方言的使用也还存在一定需求。上海市民对语言文字学习也较为重视,语言文字教学具有较好的社会环境。

除了调查本身的结论之外,调查报告还可以结合现实和调查成果,对调查地的未来语言使用情况做出预测,对调查结果做出解释,或者是对当地的语言政策提供建议。

比如《南京言语社区语言态度调查报告》的结语部分就是总结调查结果并对调查结果做出原因上的解释。认为推广普通话的政策、方言节目的传播等等都对南京话在南京市民中的地位有影响。以学术语言表述即为:

总体来看,南京言语社区的语言使用者对南京话的语言安全感较上世纪90年代已经有了较大的提高,但"不安全感"的存在仍然是不可忽略的。这一嬗变过程与语言变体同参照系(语言的"合法形式"）之间关系的改变、言语社区成员（即话语使用人）的变化以及大众传媒的影响力有重大关系。"

总之,调查报告就是将语言调查的成果以一定的形式呈现出来。调查报告的核心内容是调查的数据统计及其分析,但是调查的前因后果、方法理论也是不可或缺的部分。写调查报告,和写论文一样需要遵守一些原则,具体内容我们将在本章第三节讲述。

【练习】

1. 城市语言调查报告一般包括哪些部分？其各自的主要内容和功能是什么？

2. 在呈现城市语言调查数据时,可以采用什么形式？在报告中怎样把数据或者语料转化为结论？

5.2 城市语言调查研究论文的结构和内容

城市语言调查论文的结构和内容基本上同其他语言学研究论文一样,其主体部分通常包括引言（或研究背景）、文献回顾和理论框架、研究问题和方法、调查结果分析以及结语五个部分。不过,相对于其他语言学论文,城市语言调查的论文在背景介绍、理论框架等方面还有一些自己的特点。因此,本节除了简单地介绍语言学论文的普遍结构,还会结合已发表的相关论文说明城市语言调查的独特之处。

5.2.1 摘要和关键词

写论文,要面对的第一件事不是引言,而是摘要和关键词。很多人觉得摘要就是把论文内容用三五句话概括一下,而关键词就是选择四五个与论文相关的词放上去。如果你也这样想,那就大错特错了。

实际上,摘要和关键词决定了读者对科研论文的第一印象,不管是学位论文还是投稿论文,这个第一印象都至关重要。在中文论文中,国

家标准(GB7713-87)把摘要定义为"报告、论文的内容不加注释和评论的简短陈述",并对摘要做了如下要求:

摘要应具有独立性和自含性,即不阅读报告、论文的全文,就能获得必要的信息。摘要中有数据、有结论,是一篇完整的短文,可以独立使用,可以引用,可以用于工艺推广。摘要的内容应包含与报告、论文同等量的主要信息,供读者确定有无必要阅读全文,也供文摘等二次文献使用。摘要一般应说明研究工作目的、实验方法、结果和最终结论等,而重点是结果和结论。

摘要长度一般在 100—300 字(杨永林等 2002),刘亚栋(2007)认为"一般来讲,相对较长的论文,其摘要以 200 字左右为宜(200 字以内居多)。而相对短小的论文,50—100 个字就足够了"。《MLA 格式指南及学术出版准则》对摘要的要求是最长不超过 350 字(余莉等 2006)。

结构方面,英语论文以分析语类的语步分析法最为常见,主要包含引言(introduction)、方法(method)、结果(result)和讨论(discussion)这四大语步(Swales 1990)。根据这些不同的结构分析法,摘要的结构归结为两种类型:结果驱动型(result-driven)和研究论文概述型(research paper summary)(Swales & Feak 1994)。结果驱动型摘要重点是论文的研究方法与结果,以研究方法开头,主要包括方法、结果和结论部分。研究论文概述型是对论文正文各部分的概括,是对论文正文的深度总结。包含 IMRD 各个部分,摘要从研究背景开始,涉及内容范围由大至小,逐步阐明论文研究的方法、结果及讨论。汉语论文的摘要实际上也借鉴了这种结构,以研究问题、方法和结果为核心,通常还会加上研究意义。

国家标准(GB7713-87)同样对关键词做了定义和要求:

关键词(key words)是为了文献标引工作从报告、论文中选取出来用以表示全文主题内容信息款目的单词或术语。每篇报告、论文选取 3—8 个词作为关键词,以显著的字符另起一行,排在摘要的左下方。如有可能,尽量用《汉语主题词表》等词表提供的规范词。

在此要求的基础上,中国科协学会学术部曾专门就学术期刊论文的关键词选择和排序做出了如下规定:

● 发表在中国科协系统学术期刊所有学术论文,须在摘要后列出不少于4个关键词;

● 关键词按以下顺序选择:

第一个关键词:列出该文主要工作或内容所属二级学科名称。学科体系采用国家技术监督局发布的《学科分类与代码》(国标 GB/T13745-92)。

第二个关键词:列出该文研究得到的成果名称或文内若干个成果的总类别名称。

第三个关键词:列出该文在得到成果或结论时采用的学科研究方法的具体名称。对于综述和评述性学术论文等,此处分别写"综述"或"评论"等。对科学研究方法的研究论文,此处不写被研究的方法名称,而写所应用的方法名称。前者出现于第二个关键词的位置。

第四个关键词:列出在前三个关键词中没有出现的,但被该文作为主要研究对象的事物或物质的名称,或者在题目中出现的作者认为重要的名词。

如有需要,第五、第六个关键词等列出作者认为有利于检索和文献利用的其他关键词。

但对于一些语言学初入门的学生或者学者来说,摘要与关键词的撰写和重点选择往往较为随意,存在较为明显的不足。例如,某位学生关注的是城市标语,论文的题目是"接受度低的标语的特征及其优化",这篇论文的摘要与关键词如下:

摘要:黑格尔说:"越是我们熟悉的事物,我们越是缺乏对它的了解。因为它离我们是如此之近,以至于我们无法真正看清它。"在生活中,宣传标语随处可见,俯仰皆是,然而其关注度并不高,若论理解及相关研究则更是少见。如今,在城乡的大街小巷以及公共场所都能见到各类宣传标语。一幅成功的宣传标语,往往能给人留下深刻的印象,不但可以强化主题记忆,也能美化环境乃至提升文化品位。但是,如果宣传标语粗制滥造或出现问题,不仅贻笑大方,还会影响区域形象,宣传效果势必也会适得其反。本文从实际调查访谈所得的样本入手,在受众群体接受度分析的基础上总结了接受度低的宣传标语的特征,即存在的问题。发掘这些问题标语出现的缘由,并试图提出相应的优化建议,促使宣传标语的制作和张贴工作做到有的放矢,从而更好地发挥宣传标语应有的作用。

关键词:宣传标语;接受度;优化

这个摘要的问题有以下几点:① 和论文无关的内容太多。黑格尔的引文需要删去,后面的对宣传标语的介绍应该移到正文的引言中,而不应该放在摘要中。② 在介绍论文内容时,应该明确提出文章的研究问题和研究方法,并提出研究结果。这段摘要中没有提到研究结果,显得很不完整。同时在介绍问题和方法时,语言也需要调整。比如可以这样说:"本文探究标语接受度的影响因素,使用了访谈法来调查居民对于宣传标语的不同理解和接受程度。"

有时摘要的问题反映了研究总体的缺陷。比如说上文的这篇摘要,没有对研究对象做具体的规定,也没有提到数据处理的方法,更没有提到研究的理论框架,而这些都是一个摘要中不可或缺的内容。文章的关键词中,"宣传标语"是合适的,剩下两个关键词则需要和理论或者方法相关,比如说"城市语言规划"、"语言接受度"等等。

现在,你可以比较一下正式发表在期刊中的论文,它的摘要与关键词与上面例子有什么不同。让我们以刊发在《语言文字应用》2020年第1期的《普通话能力与进城农民工心理健康——基于中国综合社会调查的实证研究》的摘要、关键词为例进行说明:

[摘要] 个体语言能力在农民工城市适应中发挥着重要作用。通过2015年中国综合社会调查的微观数据,本文研究了语言(普

通话)能力对进城农民工心理健康的影响。有序的概率比回归分析的结果表明,普通话能力对农民工的心理健康状态产生积极的影响。在控制了个体背景特征、工作特征及相关心理需求因素后,普通话能力显著地提升了农民工心理健康的概率,女性、1980年之前出生的"老一代"农民工以及来自非北方方言区的农民工从中受益尤为明显。本研究结果进一步加强了人们对普通话能力及"推普"重要性的认识,为今后从语言上采取干预措施加强流动人口心理健康服务提供了建议和参考。

[**关键词**]农民工;普通话能力;心理健康;计量回归分析

这篇文章的摘要可以被清晰地划分为四个部分。第一部分是引言,也就是一句简单的介绍:"个体语言能力在农民工城市适应中发挥着重要作用。"第二部分是本研究的问题和方法,即"通过2015年中国综合社会调查的微观数据,本文研究了语言(普通话)能力对进城农民工心理健康的影响。"第三部分是研究的结果:"有序的概率比回归分析的结果表明,普通话能力对农民工的心理健康状态产生积极的影响。在控制了个体背景特征、工作特征及相关心理需求因素后,普通话能力显著地提升了农民工心理健康的概率,女性、1980年之前出生的'老一代'农民工以及来自非北方方言区的农民工从中受益尤为明显。"最后一部分是研究的意义:"本研究结果进一步加强了人们对普通话能力及'推普'重要性的认识,为今后从语言上采取干预措施加强流动人口心理健康服务提供了建议和参考。"

这篇文章的关键词共有四个,从前到后分别是研究对象、研究问题的第一个方面、研究问题的第二个方面,以及研究方法。这样的关键词设置不仅能使读者快速把握文章内容,也有利于其他学者对本篇文章所涉及内容进行检索。

5.2.2 引言

在摘要和关键词之后,就需要处理引言部分。通常来说,引言在整篇论文中所占的篇幅较小，但要求研究者在引言部分介绍本篇文章的研究背景和研究定位，并提出问题。

引言的第一步：介绍研究背景。研究背景包括提出问题的现实背景和目前研究的学术背景。由于需要和后文中的文献综述部分区分开来，所以引言中主要涉及的是现实背景，即在现实的角度看，存在什么值得关注的语言现象和问题。同时也会简单介绍一下目前学术界关于此领域的研究情况。

引言的第二步：介绍研究定位。研究定位包括学科定位和问题定位。还记得我们在上一章中提到，不同学科的研究会采用不同的研究范式，这一范式对于科研论文来说非常重要。因此，我们需要在引言中确定学科定位，以此告知读者本文的研究范式。问题定位则是指针对本文的研究问题提出相应的假设和预测。引言中对研究范式和问题的描述都是比较简略的，重在给出研究的方向，具体内容则需要在后面的部分中详细展开。

引言的第三步：介绍研究价值。研究价值包括理论价值和实用价值(文秋芳 2004)，即预测本研究可以在理论和实际两方面做出哪些突破和创新。

由于城市语言调查的基点都是城市居民的语言生活，所以引言部分的背景介绍也大多是对城市社会现象及制度的介绍。至于研究定位，则是在社会语言学这一大的学科背景下选择一个理论或者方法的切入点。

接下来我们以付义荣(2004)的论文《南京市语言使用情况调查及其思考》为例，展示引文的写作：

> 如果算上始于20世纪初的"国语运动"，普通话的推行至今已近一个世纪。在这不算短的日子里，我们为推普付出了极大的人力、物力并取得了令人瞩目的成就。今天的中国，从国家领导到平民百姓，从大众传播到学校教学，从单位办公到私下交际，普通话的使用已渐成风气。可以说，普通话在我国已成为社会生活中的

主导性语言,甚至走向世界,成为"全球最新强势语言"。然而在看到成就的同时,我们也不能忽视存在的不足:在广大农村及偏远地区,推普意识还很薄弱,普通话水平也不高;在一些经济发达的方言区,还有不少人抱有错误的"方言优越感",甚而还有方言和普通话争夺领地的现象;而在一些双言区,人们的普通话还不标准,地方普通话的现象较为普遍……这一切都在告诉我们,要想实现在21世纪中叶以前,"普通话在全国范围内普及,交际中没有方言隔阂"的目标,我们还有许多事要做。此外,21世纪的中国正面临着"走向现代化的选择和参与经济全球化的选择",推广普通话也因此显得越发重要,因为21世纪是全新的信息时代,人与人之间的交流与往来超过以往任何一个时候,围绕于此的各种信息工程如计算机网络、语言信息处理、声音自动控制等等,都在要求使用一个标准的共同语,很难设想一个方言林立并且各说其是的国家能够走向现代化,能够在全球化的浪潮中立于不败之地。

　　存在的不足与时代的呼唤都在要求我们继续并加强推普工作,而要使推普工作更为经济有效,就离不开对语言使用现状的调查,因为一个缺乏科学数据的推普必将陷入盲目的境地。为此,自20世纪90年代至今,从全国到地方,都进行了规模不等的语言调查。全局性的调查,如1997年经国务院批准、由教育部和国家语言文字工作委员会组织实施的"中国语言文字使用情况调查";局部性的调查,如对"洛阳市普通话和方言的分布与使用"的调查,对"西藏城镇居民语言使用"的调查,对"商丘市工业区语言使用"的调查,对"中学生普通话水平"的调查,对"上海市徐汇区大中小学生称谓语使用"的调查,对"军校学员语言能力"的调查等等。对照如火如荼的形势,我们不由得问自己,我们南京市的语言使用情况又是如何呢? 遗憾的是,目前尚无人做这方面的调查研究。

　　为了弥补这个缺陷,2002年11月,我们进行了一次小规模的、试验性的调查,主要目的就是透过此次调查发现一些问题,为今后更大规模、更为全面深入的调查做有针对性的准备。当然,这次调查所得数据也可以作为南京市新时期推普工作的参考依据,也可作为"中国语言文字使用情况调查"的一次简单补充和验证。总之,这次调查意义不可谓不大。

这篇论文的主要内容是对南京市普通话使用情况的调查。在引言部分,作者首先写了普通话推广工作的成就和问题,这是研究的现实背景。引言的第二段为推普工作背景下学术界的语言调查工作,这是研究的学术背景。介绍完这两部分背景之后,作者再提出本篇论文的研究内容和价值,就显得顺理成章了。

5.2.3 文献综述

对于大部分的论文来说,文献综述都是需要独立陈述的一部分。文献综述的重要性在于,研究者既能通过梳理已有的研究文献发现问题、通过参考已有文献发现可以借鉴的研究方法或理论,又能对照已有的文献检阅自己的研究是否存在不足。

在查找文献时,我们可能是通过检索关键词或者通过相关文献的引文网络来收集参考文献。但是需要注意的是,文献综述的写作不能按照阅读的先后顺序来写作,更不能凭借对文献的感性认识乱写一通。在书写文献综述时,和书写论文的其他部分一样,也需要条理清晰、结构严谨。

因此,文献综述常按照总分总的结构来写作。第一个"总"是对已有研究的总体介绍,比如说其研究历史是什么样的,涉及哪些学科或者方向,是否有相关的经典成果等。"分"则是对文献的分类介绍。可以按文献来源分为国内文献和国外文献,也可以按照文献内容的侧重点、文献所使用的不同研究方法来分类。选择什么分类方式,具体要看已有文献的具体情况。最后一个"总"是对已有文献的总结。需要归纳所有这些文献的一致性和差别,并提出现有研究的不足之处,为接下来提出自己的研究问题铺路。所谓的"不足之处",可以是语料不够新、方法还可以进一步改善等等。在批判之前的文献时,切忌没有吃透就胡说八道,也不能狂妄自大,而最后又得不出能够填补这些不足的成果。研究者应该怀着谦虚谨慎的态度,经过细致的阅读之后发现不足,并依据不足提出问题、解决问题。

在内容上,文献综述的内容可以包括以下部分:
- 提出关键术语的理论定义;
- 从理论的角度对选题进行审视;
- 对相关的实证研究进行评价;
- 对相关研究设计和方法进行批判性评价;
- 提出研究的理论框架。

对于以调查为主要研究方法的社会语言学来说,梳理实证研究常常是必不可少的工作。Cone & Forster(1993)认为,回顾实证研究可以按照一定的顺序进行:
- 按照变量的顺序。比如说文章在引言中假设某些变量对所研究的问题有影响,写文献综述时就可以按照这些变量来给文献分类。
- 按照研究设计的顺序。比如说按照先共时研究后历时研究,先定量研究后定性研究的顺序安排文献。
- 按照研究对象的顺序。比如说在研究某一社区的语言生活时,按照儿童、青年、中老年等不同的研究对象来对相关文献分类。
- 按照研究方法的顺序。这种排序适合于在研究方法上有所创新的论文,比如说之前的研究大多以问卷、访谈为研究方法,而你选择观察法,就可以在文献综述中先分别列举问卷法、访谈法的研究,讨论这些方法的得失。
- 按照研究结果的顺序。如果一个议题的讨论已经比较充分,并且讨论结果可以归为两种及两种以上的类型,则文献综述适合按照研究结果的顺序书写。
- 按照理论假设的顺序。同样对于一个广泛讨论的议题,通常情况下,一个领域内的讨论是基于某个经典理论展开的,但如果有跨学科或者跨方向的研究,则适合按照理论假设来给已有文献分类。

在介绍例子之前,让我们来看看初入门的语言研究者在综述部分通常会存在的不足或者缺陷。仍然以上文提及的关于标语研究的论文为例,现在来看一下这位作者是如何介绍关于标语的已有研究的:

经检索,部分学者对标语的历史变迁或者某一时期标语的特点进行总结和梳理。这类著作大多数是对标语的历史变迁进行梳理、总结,配上图片及说明,鲜少对标语本身进行评价。如郭大松、陈海宏主编的《五十年流行词语》,精选了1949—1999年中国社会上流行的五百多条词语,纪陶然的《口号中国》从中国古代先秦的"百家争鸣,其命维新"开始,把口号标语和历史事件结合起来进行叙述。

大多数学者在对标语的历史进行研究时,经常将目光集中在中共党史上的一些革命标语,如抗日战争时期、解放战争时期、"文化大革命"时期、大字报的历史等。厉有国《新中国成立60年来党的政治口号变迁的历史审视》一文,总结了我党建国初期、社会主义建设时期、"文化大革命"时期、改革开放时期的标语变迁脉络,并指出了变迁的特点及历史本质。杨娜《中央苏区标语传播研究》一文,对中央苏区时期的标语口号从传播内容、方式、技巧、效果上进行深入解读,认为当时苏区的标语对激励革命情绪、鼓舞士气有显著的效果。除此之外,还有穆仁姆的《中共党史上的著名口号》、杨德山《中共党史上的经典口号》、闻季《中共党史上难忘的口号》。

在对有关文献进行检索时,笔者发现,有一部分文献都是针对特定种类的标语进行研究。如革命标语、体育标语、计生标语、暴力标语、乡村标语、汽车标语、个人标语、电子标语、商业标语和校园标语等,都是从某一类标语入手进行深入的研究。

计划生育标语是备受学者关注的研究领域之一。有些学者认为随着经济形势和人口政策的变化,我国计生标语的措辞、制作和张贴方式都发生了变化,认为计生标语经历了"从单调词汇到多元词汇,从模糊表达到清晰表达,从野蛮强制到温婉规劝的转换过程";有些学者经过实地调查,对我国计生标语在某一地的现状进行了分析和总结,如桑紫宏、庄黎的论文《从"劝说"到"汇报"——安徽石塘镇计划生育标语语用评析》中,认为计生标语是让人"听人话",以期达到劝说的目的,通过对石塘镇计生标语的调查,发现计生标语从"劝说性"的语言行为变成了"汇报性"的语言行为;有些学者是基于我国计生标语的发展,总结了其特点和写作规范,如窦天祥、陈兰香《浅谈计划生育标语口号的特性、种类和写作》;有些学者针对计生标语存在的问题,提出了相应的建议和对策,如唐玉萍《计划生育标语宣传的创新思考》、相德宝《人口计生标语口号存在问题与改进策略》等。

此外,陈印政、王大明、孙丽伟的《农村科技标语的科技传播功能研究——基于华北农村的调查》一文,通过对华北农村的实地调查,搜集到248条科技标语,并总结出科技标语的发展历程以及在农村传播的可能性,提出科技标语存在的问题和解决方法。王永刚《浅谈交通标语的用语特点及其人性化》一文中,对交通标语的定义、分类、特点进行分析,认为交通标语应该充满人文关怀和人性化,交通标语质量的提高,能够更加有效地预防和减少交通事故的发生。孙继龙、石岩《赛场看台体育标语研究》一文认为,我国赛场看台体育标语存在不文明及管理规范性等问题,从多个角度提出了规范赛场标语的管理策略。

根据我们刚才介绍的文献综述撰写的要点,你能发现这个例子中综述部分存在什么样的不足与缺陷吗?

实际上,这篇综述的问题是很多新手都会犯的错误,即写得太泛。看起来作者阅读了不少文章,但和论文有关的却寥寥无几。正如我们之前提到的,文献综述绝不能脱离文章的具体研究问题。回到这篇论文的综述,显然没有展现出学科立场和问题意识。学科立场是指没有用社会语言学、城市语言调查领域的标语研究成果,而是选用了《五十年流行词语》、《中央苏区标语传播研究》等文献。其实这个道理是很明白的,和标语有关的文献千千万,难道我们的文献综述是用随机抽样选择的参考文献吗？显然不是的，我们在看待问题时，首先就要有学科立场和理论假设，这也是我们筛选文献的第一步。第二个是问题意识，这篇论文讨论的是标语的接受度，但是文献综述中却没有和接受度相关的文献，这显然是不合理的。语言接受度是社会语言研究的重要角度，相关的文献也有很多。如果你选择把一个学术术语放在标题中，至少要先检索这个术语，查阅相关文献，并把对这个术语的认识转换为学术语言。

　　除了内容上的问题，这个文献综述还存在结构上的问题。可以看到作者试图对文献进行分类，即分为历史性研究和主题式研究。这种意识是好的，但是具体应该怎么分类、分成多少类，还需要调整。既然论文讨论的是标语的接受度，那么文献综述部分应该首先说明语言学中有哪些方向讨论过标语接受度，是否对这一概念存在某方面的共识（如定义、特点），并重点介绍社会语言学相关研究所使用的理论和方法。在介绍时，可以按照研究的方法、结果等分类说明，适当加以评价和讨论。文献综述的结尾，应该总结出已有研究的不足，以提出本研究的切入点。

　　为了让大家清楚感受撰写文献综述的要点，现在我们以刊发在《语言文字应用》2019 年第 3 期的《家庭社会经济地位对儿童语言能力发展的影响分析》的文献综述为例进行说明：

　　　　家庭社会经济地位主要由家庭经济收入、父母教育程度、父母职业地位等因素决定（任春荣，2010）。社会经济地位长期以来一直是影响人类发展的重要环境因素，与儿童的社会情感、行为、认知和语言发展联系在一起（Brooks & Duncan,1997）。当前，国内外相关研究主要集中在家庭社会经济地位对儿童语言素养（词汇能力、语法能力、语音能力）、语言技能（阅读能力、叙事能力）发展的影响及相关影响机制等领域。

　　　　家庭社会经济地位影响儿童语言素养发展。在词汇能力方面，研究表明，处于不同社会经济地位的儿童在语言表达能力和接受能力方面的最显著差异表现为词汇量大小的差异。Fernald

(2013)发现,18个月左右的高社会经济地位家庭婴儿比同龄低社会经济地位家庭婴儿有更多的表达性词汇。高社会经济地位家庭3岁儿童的词汇量已是同龄人的两倍(Hart,1995)。学龄前低社会经济地位家庭儿童的表达性词汇滞后于同龄富裕家庭儿童15个月,其词汇发展速度也远低于同龄人(Blanden & Machin,2010)。词汇知识的广度进而影响词汇知识的深度和运用的精确度。词汇量大的儿童拥有更丰富的词汇信息网络,有更多的概念及方法来对他们的世界进行分类、描述及表达。相反,低社会经济地位家庭儿童表达感受、描述世界等能力均因词汇广度有限而受到抑制,在词汇语用表达的合意性与精确性上表现出较大差距(Roben,2013)。在语法能力方面,研究表明,早期语法学习中,不同社会经济地位儿童在简单句式的习得上没有明显差距。但随着年龄的增长,他们在句法表达的复杂性和多样性上开始出现显著差异。Huttenlocher(2002)发现低社会经济地位家庭儿童使用多重复句以及名词短语次数明显少于高社会经济地位家庭儿童。Vasilyeva(2008)也发现高社会经济地位家庭儿童在复杂句使用的频率和类型上明显高于同龄其他儿童。在语音能力方面,研究表明,来自中高社会经济地位家庭的儿童对语音结构更加敏感,他们在韵律感知、韵律匹配、语音整合、音节省略等语音测试中得分均高于同龄低社会经济地位家庭儿童(Bowey,1995;Lonigan & Burgess,1998;McDowell & Lonigan,2007)。儿童的语音意识又与其阅读能力发展紧密联系在一起,语音意识落后的儿童在将来的学业中很可能会面临阅读能力欠缺的困境。

家庭社会经济地位影响儿童语言技能的发展。从一开始接触阅读,社会经济地位对儿童阅读能力发展的影响就已经存在。在Lee(2002)的测试中,刚入幼儿园的低社会经济地位家庭儿童与高社会经济地位家庭儿童在阅读能力上存在1.2个标准差。Kieffer(2010)发现,在低社会经济地位家庭中80%的低年级学生不能熟练地阅读,中高年级的学生比同龄高社会经济地位学生面临更多的阅读障碍风险。叙事是一种脱离语境进行有组织表述的语言能力(王娟等,2017),是儿童语言输出的主要方式之一。研究发现,家庭经济收入不高、偏远地区或少数民族地区的儿童对叙事要素的认识和使用比同龄儿童滞后,在叙事词汇的丰富程度以及句子长度等方面也存在差距(曾维秀等,2006)。

家庭社会经济地位影响儿童语言能力发展的路径不是单一的(Bradley & Corwyn,2002;王春辉,2019),它融合父母参与及教养、学习资源、儿童个体特征等因素直接或间接作用于儿童语言能力发展(张洁,2019)。当前研究普遍认为,父母与儿童的话语交流活动是儿童语言能力发展的关键(王娟等,2017),活动的频率及丰富性对儿童未来语言能力有预测作用。在语言活动中,父母如采用"鼓励"的教养方式,可以提高孩子学习动机、激发孩子的学习兴趣,达到更理想的语言能力发展效果(石雷山等,2013)。在这一过程中,社会经济地位往往通过父母参与及教养间接作用于儿童语言能力发展。以阅读能力为例,社会经济地位越高,父母的活动参与度及教养方式越好,儿童的自我效能也越高,阅读成绩更好(刘玉娟,2012)。同时,社会经济地位影响儿童拥有学习资源及机会的多寡,高社会经济地位家庭儿童拥有的学习资源更丰富,而家庭拥有学习资料的数量等因素与儿童语言能力之间存在较高的正向关系(温红博等,2016)。社会经济地位还通过影响身体状况、心理健康等儿童个体特征间接影响儿童语言能力发展。首先,低社会经济地位家庭儿童更容易面临饥饿、营养不良、疾病等生活状况,影响生理发育尤其是大脑结构和功能发育。认知神经科学发现,贫困儿童的大脑灰质体积比正常发育大脑小,其语言能力、学业表现也低于平均水平(Hair,2015)。其次,社会经济地位影响儿童的社会关系、道德品质、判断力与决断力、压力、自信心等心理机制,低社会经济地位家庭儿童比高社会经济地位家庭儿童经历更多的压力,更容易产生消极情绪和不良行为,进而阻碍语言能力与学业的发展(沈卓卿,2014)。

当前,家庭社会经济地位与儿童语言能力发展研究以国外数据及实证分析为主,国内研究相对较少,且大多基于地方数据样本,难以代表全国的总体情况。本文将以全国性数据为依托,采用多元线性回归方法,探讨在汉语语境下家庭社会经济地位对儿童语言能力发展的影响机制。基于已有研究,我们认为儿童语言能力、家庭社会经济地位及相关因素是一个多层关联、相互影响的结构,本文拟验证如下假设:H1,家庭社会经济地位对儿童语言能力发展有正向影响;H2,父母参与及教养、学习资源、儿童个体特征对儿童语言能力发展有正向影响。

这篇论文讨论的是家庭社会经济地位和儿童语言能力发展的关系,因此首先介绍了家庭社会经济地位的内涵和外延,再提出国内外相关研究主要集中在对儿童语言素养、语言技能的讨论上。接下来,作者就分别介绍了这两个方面的相关研究,并发现家庭社会经济地位影响儿童语言能力发展的路径不是单一的。作为文献综述的结尾,作者总结了已有文献的研究方法,发现其在国内的研究代表性不强。基于已有文献的理论和不足,文章提出了新的方法和假设。这篇论文的文献综述写得非常清楚,结构严密而且内容扎实,是优秀的学习范本。

5.2.4 研究问题和研究方法

关于研究问题和研究方法,我们在前文中已经有了比较充分的说明,因此在此我们主要提出书写研究对象、测量工具和数据处理方法的一些细节。

在描述研究对象时,需要包括以下几点:
- 研究对象的选取方式;
- 研究对象的数量;
- 研究对象的社会背景,包括年龄、性别等,具体依据调查而定;
- 研究对象的知情同意。

在描述测量工具和数据搜集方法时,需要包括以下几点:
- 所选的测量(调查)工具,如问卷、访谈等;

- 测量工具和变量之间的转换关系;
- 选择此测量工具的原因;
- 测量工具的信度和效度;
- 数据处理方法所用的工具和程序;
- 调查和数据处理者的介绍。

在写这一部分时,尤其要注意研究问题、研究对象和研究方法之间的联系。不仅在方法的选用上要能解决实际问题,而且在表述时也要斟字酌句,否则就会差之毫厘,谬以千里。

5.2.5 研究结果与讨论

在完成了以上部分之后,我们就需要进入"研究结果与讨论"的环节。一般来说,研究者会一边报告研究结果一边对结果进行分析和讨论,也可以把研究结果和讨论分开报告。总之,这一部分一定包括两部分:陈述研究结果和讨论研究结果。

只有同研究问题直接相关的发现才是值得被陈述和讨论的。在设置研究结果的小标题时,也应该围绕研究问题和假设来排序。在报告定量研究的结果时,我们通常使用图表和说明文字相结合的方法。在报告定性研究的结果时,则以文字和相关材料为主体,将调查内容(比如访谈对象的原话)安插在讨论分析的主线中间。

同样以《家庭社会经济地位对儿童语言能力发展的影响分析》为例,这篇文章是先依据数据处理方法分两个部分报告研究结果,从简单到深入分别为对数据进行描述性分析和多元回归分析。再基于研究问题和假设把讨论分成四个部分,分别为:家庭社会经济地位与儿童语言能力发展、父母参与教养与儿童语言能力发展、学习资源与儿童语言能力发展和儿童个体特征与儿童语言能力发展。在讨论的每一部分中,作者都是先提出观点,再以理论和调查结果来证明观点,从而多层次地展示了儿童语言能力发展的影响因素。

在报告多元回归分析的结果时,作者采用了表格和说明文字相结合的方法(见表 5-2)。

表 5-2　多元回归分析表格（引自吉晖 2019）

	模型 1 语言表达能力	模型 2 普通话水平	模型 3 语文成绩
家庭收入	0.0097*(0.01)	0.0355***(0.01)	0.0114(0.01)
父母教育程度	0.0210***(0.01)	0.0122(0.01)	0.0690***(0.01)
父母参与活动	0.1221***(0.04)	0.2919****(0.06)	－0.0457(0.07)
父母教养方式	0.0118(0.03)	0.1176**(0.05)	0.1641***(0.05)
学习资源	0.0747***(0.02)	0.0076(0.03)	0.0661*(0.04)
儿童个体特征（健康状况）	0.4511***(0.04)	0.3758***(0.06)	0.0455(0.07)
儿童个体特征（自信心）	0.0730***(0.02)	0.0689**(0.03)	0.1934***(0.04)
截距	0.1182**(0.06)	－0.2574***(0.10)	0.1325(0.11)
观察值	595	595	595
R 方	0.355	0.226	0.116

注：*、**、*** 分别表示置信水平为 0.1、0.05、0.01；括号内为对应解释变量的标准差。

从表 5-2 可以看到，家庭收入能显著促进儿童语言表达能力及普通话水平的提升，收入每提高 1%，语言表达能力提高 0.0097%，普通话水平提高 0.0355%。父母教育程度能显著促进语言表达能力及语文成绩提升，父母教育程度每提高 1%，语言表达能力提高 0.0210%，语文成绩提高 0.0690%。数据也显示，家庭收入对语文成绩的提高影响不显著，父母教育程度对普通话水平的提高影响不显著。这可能是因为家庭收入与父母教育程度之间存在很强的相关性，即这两个因子相互交叉解释了语言能力发展的结果。从整体上看，两者的交叉作用表明家庭社会经济地位对儿童语言能力发展有正向影响作用。

数据显示，父母参与活动对儿童语言表达能力及普通话水平的促进作用比较显著，父母参与活动每增加 1%，语言表达能力提高 0.1221%，普通话水平提高 0.2919%。儿童健康状况对儿童语言表达能力及普通话水平的促进作用十分显著，健康状况每增加

1%,语言表达能力提高0.4511%,普通话水平提高0.3758%。儿童个体特征(自信心)对儿童语言表达能力、普通话水平及语文成绩均具有正向影响作用,儿童自信心每增加1%,语言表达能力提高0.0730%,普通话水平提高0.0689%,语文成绩提高0.1934%。另外,父母教养方式对儿童普通话水平及语文成绩有正向影响作用。学习资源对儿童语言表达能力及语文成绩有正向影响作用。

首先看表格,表格的最左列是标目,由于需要比较三个模型的数值,所以采用列的形式,这样更便于读者进行信息归类。再看文字说明,文字说明的顺序结构是按照表格自上而下的顺序进行的。不仅包括对表格数据的描述,而且包括对数据的概括总结,这样的安排使得作者的行文思路更为清晰。

5.2.6 结论

论文写到这里,基本上已经完成内容的输出。不过为了确保读者对研究问题和结果有个全面的认识,也为了使文章总体的结构更完整,还需要最后一部分即结论部分。结论不同于前面的研究成果,是对整篇文章的总结。一般包括三个部分:主要研究成果、本研究的意义和不足、对未来相关研究的建议。

● 主要研究成果,即用简略的语言概括最重要的研究成果。可以先重复一遍文章的主要研究问题,再依据研究问题的顺序概括研究成果。这时不需要使用任何图表数据,只需要提供最简明扼要的文字。

● 本研究的意义和不足,即从宏观角度说明本研究的理论意义、方法论意义和现实意义,如果在本研究的进行过程中出现了力有不逮的情况,也可以在这一部分加以说明。

● 对未来相关研究的建议,主要是从研究方向上对未来相关研究提出宏观建议。这一部分的建议必须是真正有研究价值的问题,如果确实没有建议,则可以略过这一部分。

● 对于城市语言调查这一实用性强的领域来说,结论部分往往还有一个重要的部分,就是基于本研究提出的语言政策或服务相关的建议。不同于面对其他学者的建议,这一部分建议面向的是政府和其他机构,这也体现了城市语言调查者的现实关怀。

最后,我们摘录了俞玮奇的论文《城市青少年语言使用与语言认同的年龄变化——南京市中小学生语言生活状况调查》作为实例:

> 本文在调查南京市中小学生语言生活状况的基础上,分析了城市本地青少年语言使用状况的年龄变化现象;研究还发现,在这一现象的背后同步发生着语言态度与语言认同的年龄变化。随着南京本地青少年年龄的增长,他们对南京话的情感认同和实用价值评价都在不断提高,而对普通话的情感认同却在不断降低,这直接导致了他们使用南京话现象的增多以及使用普通话现象的减少。本文认为这些变化属于年龄级差现象,而非代差现象,是由语言生活环境的变化、语言社会化以及本地意识增强等多种社会因素造成的。
>
> 在研究过程中,本文还发现青少年的语言归属感与其实际的语言使用状况之间存在着显著的相关性,青少年的语言使用状况与其语言情感认同会发生同步变化,语言情感认同的变化直接导致了语言使用状况的变化;这也提醒我们在以后的推普过程中可以多考虑采用"柔性"的方式,提高普通话的亲和力,增强方言区青少年对普通话的情感认同与归属感,避免普通话在青少年成长过程中的"流失",促进普通话与方言的和谐共存。

从摘要关键词、引言、文献综述、研究问题和方法、研究结构及讨论到结论,论文是一个结构完整、逻辑通畅的文字综合体。在写作时,既需要怀着问题意识,时刻紧扣主题,又需要考虑到论文各个部分的功能和内容。论文写作的过程也是加深对问题的思考的过程,需要不断修改和完善。相对于报告来说,论文更注重理论和方法上的创新,因此需要付出的心力也更多,需要学者不断阅读、不断写作,才可能得到满意的成果。

【练习】

1. 以下表述中,哪些是符合论文引言部分的特点的?
√ 引言应该用较多的篇幅介绍论文的核心概念和理论。
√ 引言需要介绍论文的研究问题。
√ 引言和摘要在内容上一致。
√ 引言要介绍本研究的重要性和意义。
√ 引言不需要过多的背景介绍。

2. 在写文献综述部分时,应该用什么顺序对已有文献进行分类排序?文献综述的功能是什么?

3. "研究结果"和"结论"在内容和功能上有什么不同?请举例说明。

5.3 调查报告和论文的其他要求

5.3.1 格式要求

有读者可能会问,我们写论文和报告一定要按这些结构来安排吗?那岂不是没有自己发挥的空间了?实际上,上述的结构定式是为了最大限度地确保阐释问题的完整度。学术文献不同于文学作品,在写小说时,我们力求文字、结构上的不同,但是无论是学位论文还是期刊论文,都在格式上有着严格的要求。

在本节中,我们将以《中华人民共和国国家标准GB7713-87》为主要依据来说明学术文献的格式要求。

《国家标准GB7713-87》是适用于科学技术报告、学位论文和学术论文的编写格式。对文献的前置部分、主体部分、图表、序号等都有详细的规定。上一节中我们已经说过摘要和关键词的相关规定,这一节则会讲解论文序号和图表的格式要求。

序号

首先,论文或者报告中的小标题都应该标有序号,学位论文中,由于分章分节较多,所以对序号的要求更为严格。对论文分卷、分册、分篇的标序可以用文字"一、二",而报告、论文中的图表、附注、参考文献、公式等,则一律用阿拉伯数字分别依序连续排列序号。如果是整篇论文统一排列序号,那么图表的序号就是图 1、图 2、表 1、表 2;如果是论文内部分章排序,那么第一章的图表序号就是图 1.1、表 1.1,第二章的序号为图 2.1、表 2.1,其他的依次类推。除了图表之外,其他的序号也有不同的格式。比如说附注就是附注 1),文献是文献[1],公式是式(1)等。

其次,对于论文、报告的附录依序用大写正体 A,B,C 编序号,比如:附录 A。附录中的图、表、式、参考文献等另行编序号,与正文区分开,即在阿拉伯数字前加上附录的序码,如:图 A1,表 A1,文献[A1]等。

图

报告和论文中的图包括柱状图、折线图、饼状图、框图、地图、照片等。一般包括图题、图片和图例三部分。图题应该简短确切,概括图片的内容或者作用,放在图片下方。必要时将图片的符号说明、实验条件等用简练的文字概括放在图题下面,这就是图例。

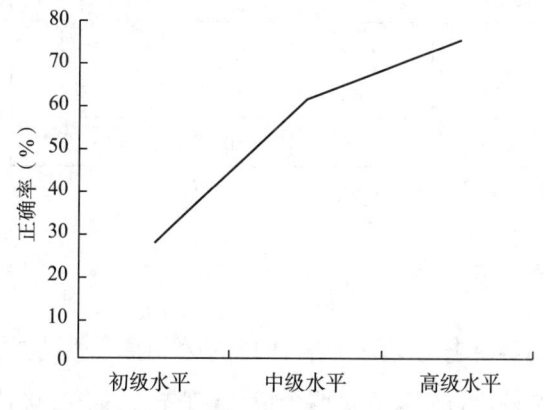

图 5.3　初、中、高级水平学习者接受性词汇量正确率的变化曲线(引自张江丽 2017)

所有的图片都应该具有"自明性",也就是只看图、图题和图例,不阅读其他说明文字,就可以理解图意。

表

表是比图运用更多的非文本型表达手段,在城市语言调查的研究论文中,除了综述文章和理论型文章,其他所有论文都有表格的参与。

论文中的表一般由几个部分构成:与图相对应的表题、表序和表注,此外还有用于分隔数据的项目栏和以数据为主的表体。表的编排一般是测试项目由左至右横读,数据从上到下竖排。行和列的安排一要符合统计软件中的数据格式,二要符合常规的视觉习惯。表格同样需要有自明性,因此表题需要尽量包含表格的主要信息,也可以用表注来辅助说明。

表注有三类:一类是对表格中缩略词的解释,一类是对表格具体内容的注释,还有一类叫概率表注,用来注明检验结果的统计学显著性。概率表注一般用星号表示,一个星号(*)表示 $p<0.05$,两个星号(**)表示 $p<0.01$,三个星号(***)表示 $p<0.001$ 等。

表 5-3　南京本地青少年的语言态度状况

评价项目	南京话的评价均值	普通话的评价均值	南京话—普通话 配对样本 t 检验		
			均值差	t 值	显著性
好听程度	3.24	4.17	−0.943	−16.116***	0.000
亲切程度	3.94	3.90	0.037	0.593	0.554
社会影响	3.58	4.06	−0.500	−9.500***	0.000
有用程度	3.66	4.39	−0.736	−15.126***	0.000

注:*** 表示 $p<0.001$。引自俞玮奇(2012)

5.3.2　内容要求

论文的内容要求主要是对语言的要求和对原创性的要求。

学术论文的语言需要满足两个特点,首先要具有准确性,即只说真实、准确、和事实相符的语言。如果是理论推演的部分,也需要做到逻辑通顺,解释清楚前因后果。其次要具有简洁性,论文语言不需要使用文学修辞,也不需要情绪化的表达,而应该努力用最简洁的语言来陈述。在句式的选择上,以简单直接的句子结构为宜,不宜选用复杂冗长的句式。此外,为了表明客观中立的立场,在写作时应该尽量避免"我想""我认为"之类的表达。

学术论文的核心是在内容上创作以推进相关领域的研究,因此,原创性是对学术论文的基本要求。首先,不能抄袭、重复、模仿前人的创作。其次,在引用他人著作时,一定要标注引用,并且尽量引用第一手文献。对于引文的格式,不同的学校或者期刊会有不同的要求,在写作时要事先了解相关条例,切记不要乱套用格式或者混用格式。

【练习】

1. 表格和图片各自有哪些类型?请在知网上查找论文,并且找出不同类型的图表。

2. 根据本章介绍的内容,阅读下面这篇论文,请谈一谈整篇文章存在的不足与缺陷,并提出修改意见。

关于陌生女性称呼语使用情况的调查报告

摘要:与陌生女性进行交际时,称呼语的选择往往十分重要,这是给别人留下良好印象进行顺利交流的重要先行条件。本文对陌生女性称呼语的使用情况进行了分年龄段的调查,从整体、称呼者的性别、年龄等变量出发观察女性称呼语的使用情况,对常用和不常用的女性称呼语进行了统计,发现"美女"和"阿姨"是整体上使用最多的称呼,而"丫头"和"同志"是几乎最不常用的称呼语。本文并结合访谈的结果,对女性称呼语使用情况的原因作出了简要的解释。

关键词:称呼语 陌生女性

目 录

一 引言 ……………………………………………………………
1.1 学者们对称呼语的研究 ………………………………………
1.2 针对陌生人称呼语的分类 ……………………………………
二 主要研究问题 …………………………………………………
三 调查程序与调查对象 …………………………………………
四 调查结果与分析 ………………………………………………
4.1 整体上女性称呼语的使用情况 ………………………………
4.2 女性称呼语的使用与被试性别的关系 ………………………
4.3 女性称呼语的使用与被试年龄的关系 ………………………
4.4 女性称呼语的使用与被试受教育程度的关系 ………………
五 结语 ……………………………………………………………
参考文献 ……………………………………………………………

一 引言

在日常生活与陌生人的交际中,我们首先就得通过称呼语来开启双方的交流沟通,因此称呼语能否选用得当将直接影响到交际的顺利进行。我们需要根据交际的场合和交际时双方的背景来选择恰当的称呼语,但是我们对陌生人的背景信息所知甚少,这就更需要我们能够审时度势在不同的语境中选择不同的称呼语。因而对陌生女性的称呼语使用情况研究十分重要,不仅能帮助我们了解当前称呼语的使用情况,也能为我们的日常交际起到十分重要的参考作用,同时我们还能从中察觉到社会价值观念、文化观念等的变迁。

1.1 学者们对称呼语的研究

我国拥有复杂庞大的社会称谓系统,随着社会语言学的发展,国内许多学者对汉语的称谓系统进行了多角度的研究。早期祝畹瑾先生(1992)对"同志"和"师傅"进行了较为全面的研究;吴慧颖(1992)对建国以来拟亲属称呼的变化进行了说明;姚亚平(1995)对现代汉语称谓系统变化的两大基本趋势的分析：一是称呼系统的简化和观念的平等化，二是通称语大量出现；潘攀(1998)讨论了亲属语称谓的泛化；而郭熙(1999)首次发现了社会称呼语中的"缺位"现象；齐沪扬等(2001)等在对上海市徐汇区大中小学生称谓语使用情况的调查中，统计得出的结论有"先生"、"小姐"在对陌生人称呼时使用频率较高，特别是大学生使用频率更高，这与本文得出的结论不一致，这其中由于年代的变化，称呼语的使用也不断变化，所以结论不同。樊小玲等(2004)对"小姐"这一称呼语的语用特征进行了详细的说明，并通过对全国各大城市的田野调查，绘制出了其地理分布图并对原因进行了分析；邵敬敏(2009)对"美女"这一称呼语进行了社会调查，并讨论了其面称时的争议；李琼(2015)以维索尔伦(Verschueren)的语言顺应理论为理论指导，以现实社会称呼语的使用为例讨论了汉语当代社会称呼语的变异研究；周萍等(2019)对新兴女性称呼语"小姐姐"从语义和语用两个方面进行了研究；吕文璐(2020)对"美女"和"女神"这两个称呼语的文化成因进行了研究；学者们对于称呼语的研究已经取得了重要的成果，但是对各个年龄段常使用的女性称呼语的相关调查还不多，因此本文主要针对当今社会大家常用以及几乎不使用的针对陌生女性的称呼语进行社会性的调查。

1.2 针对陌生人称呼语的分类

关于陌生人称呼语的类别，参照前人文献，大致可以分为以下几种：

1. 通用称呼语：这类称呼语主要指在整个社会上都比较认可的，基本不分地域、不严格区分年龄以及被称呼者的身份地位的称呼，也可称之为全民性称呼，比如说五六十年代通用的"同志"、七十年代通用的"师傅"、八十年代恢复使用但现在使用较少的"女士、小姐"以及现在人们常用的"美女、帅哥"都是通用性称呼。

2. 拟亲属称呼语：这类称呼是指用亲属称呼来称呼陌生人，比如把陌生人称为"姐姐、妹妹、阿姨"等之类，目的是为了拉近与陌生人的人际关系。

3. 职业类称呼：这类称呼常用于称呼一些职业属性非常明显的陌生人，比如说医院的医生、护士，学校的老师，上司以及商店的老板等，这些就可以直接使用其职业或职位对其进行称呼。

4. 零称呼：这类称呼语是指不对陌生人进行具体的称呼，而是采用"你好、请问、打扰一下、喂、哎"之类的话语直接引起陌生人注意，然后开始交谈。

称呼语按照称呼的方式可分为自称语（交谈时的自称）、他称语（对交谈第三方的称呼）以及面称语（交谈时当面对对方的称呼）三种，本文讨论的女性称呼语使用情况基本都指其作为"面称语"的使用情况。

二 主要研究问题

本文的研究问题主要有以下两个：1. 不同年龄段、不同性别的人对女性的称呼是否有差别？是否有其自身规律特点？2. 称呼者的受教育程度、职业对其使用的女性称呼语有怎样的影响？

本文同时希望能得到以下方面的结论：1. 男、女在女性称呼语使用上的特点及差异；2. 不同年龄段人的对女性称呼语使用情况；3. 职业对称呼语产生的影响及原因探讨。

三 调查程序与调查对象

我们首先在网络上设计了关于陌生女性称呼语使用情况调查的调查问卷，然后通过方便抽样和滚雪球抽样的方式发送问卷，为了保证数据的严谨和可对比性，加上受条件所限，我们最终决定调查的在四个年龄段的每个年龄段各获取 20 份问卷，10 份男性问卷，10 份女性问卷，一共获取 80 份问卷。最终获得问卷 95 份，去掉无效问卷 7 份，共 88 份有效问卷，且保证了每个年龄段问卷数量和男女比例的均衡，各年龄段 22 份问卷，男女各占一半。在获得问卷之后，我们随机在每个年龄段抽取 15 名被试进行深度访谈以便进一步了解被试对陌生女性称呼语的选择和使用情况，共访谈了 60 名被试，其中有一名无效访谈，共获得有效受访者 59 名，包括 32 位男性，27 位女性。填写问卷的被

试者受教育程度及职业等基本情况的分布见表1、表2。（比例均四舍五入取整）

表1　被试者受教育程度分布情况

	初中及以下	高中或中专	本科或大专	研究生及以上	小计
男（人数/占比）	5 / 11%	13 / 30%	19 / 43%	7 / 16%	44
女（人数/占比）	18 / 41%	8 / 18%	12 / 27%	6 / 14%	44

由上表可知，88位被调查者中男性的受教育程度平均水平高于女性，约43.18%的男性是本科或大专学历，而女性同等学历占比仅为27.27%，女性初中及以下的学历水平人数最多，占比40.91%，男性该学历水平仅占比11.36%。

表2　被试职业分布情况

	学生	教师	公司职员	服务行业工作人员	公职人员	个体户	家庭主妇	农民/工人	其他	合计（人）
男	16/36%	4/9%	9/20%	3/7%	3/7%	4/9%	0/0%	3/7%	2/5%	44
女	15/34%	1/2%	5/11%	4/9%	5/11%	2/5%	4/9%	2/5%	6/14%	44

由表2可知，此次调查被试多为学生，其次为公司职员，其他各类职业分布较为均衡，差异不大。

本次调查以社会上对陌生女性称呼语的选择与使用情况为调查目标，以被试的性别、年龄、受教育程度及职业等为变量，并提前对被试的男女比例进行了必要的控制，这样得出的问卷结果在进行比较时更具有真实性，更贴近实际情况。

四　调查结果与分析

下文先从整体上分析问卷中呈现的针对陌生女性的称呼语使用情况，再依次以被试的性别、年龄及其受教育程度为变量，分析这些因素对其常用以及几乎不使用的女性称呼语的影响。发现整体上使用得最多的女性称呼语是"美女"，几乎最不使用的女性称呼语是"丫头"；相比女性,男性对陌生女性更常使用"姐"这个称呼,而女性相比男性更常使用"小姐姐"这个称呼;不同年龄阶段的被试常使用和几乎不使用的女性称呼语整体接近,但依旧有很多不同之处,并结合访谈对使用情况作出了简单的原因解释;而且通过分析发现,被试的受教育程度与女性称呼语的使用情况没有太大关系,不过这也可能是因为样本太少的缘故。

4.1 整体上女性称呼语的使用情况

问卷中我们列出了几乎所有的女性称呼语供被试选择出其常用和不常用的称呼语,这些称呼语包括"姑娘、小姑娘、妹妹、小妹妹、姐姐、姐、小姐、小姐姐、丫头、美女、女士、大姐、阿姨、大娘/大妈、奶奶、师傅、同志"等,发现如图 1 所示:所有的称呼语都有人选择,最常使用的女性称呼语排序依次为"阿姨(占比 57%)＞美女(占比 53%)＞姐姐(占比 32%)＞小姐姐(占比 30%)＞姐(占比 28%)＞奶奶(占比 25%)＞妹妹(占比 23%)师傅(占比 22%)",其他称呼语(姑娘、小姑娘、小妹妹、小姐、丫头、女士、大姐、大娘/大妈、同志)占比均低于 20%,只是"丫头"所占比例最少,仅 2%,其次是"小姐"和"同志",分别占比 5%、6%;

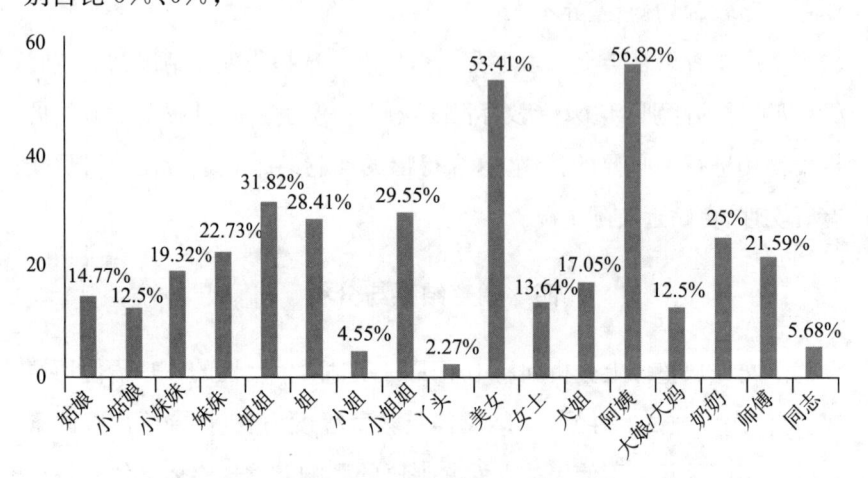

图 1 被试常使用的女性称呼语占比情况

由图 2 可知,最不常使用的女性称呼语排序依次为"丫头(59%)＞同志(50%)＞小姐(44%)＞大娘/大妈、师傅(均为 35%)＞姑娘(34%)＞女士(33%)＞小姑娘(27%)＞美女、小姐姐、小妹妹(均为25%)＞妹妹(22%)＞大姐(20%)",只有 4 个称呼语(姐姐、姐、阿姨、奶奶)占比 20%以下,占比最低的是"阿姨"(8%)。

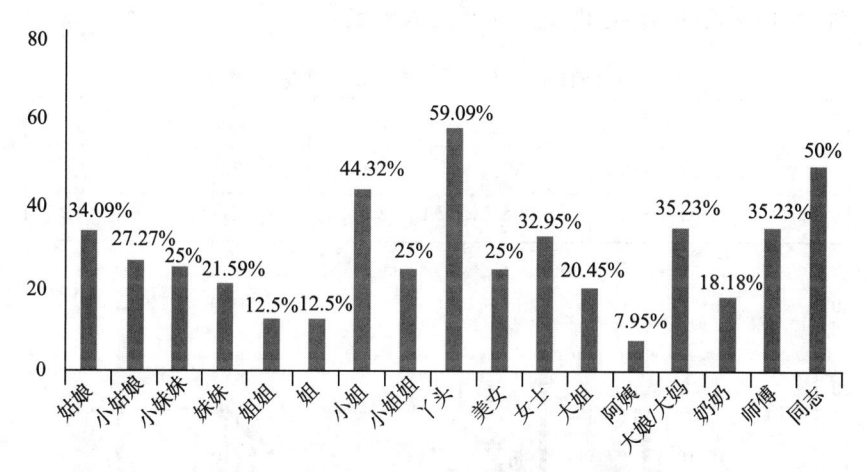

图 2　被试几乎不使用的女性称呼语占比情况

大体上两题的结果可以互相印证,但是从中我们能发现很有趣的现象:"美女、小姐姐"均有较多人将其选为常使用的称呼语,但同时也有不少人将其选为自己几乎不使用的称呼语,有 22%指出"师傅"是自己常用的女性称呼语,但是有更多的人(35%)几乎不使用该称呼称呼女性。

4.2　女性称呼语的使用与被试性别的关系

在日常生活中遇见一位陌生女性时,在不清楚其姓名、具体年龄、职业、身份等具体信息又需要与其进行交际时,称呼语的选择是十分重要的,这是与陌生人交谈留给双方的第一印象的反映。问卷中关于被试对常用和不常用的称呼语的调查,我们可以以性别为变量来观察男性与女性在选择称呼语时的倾向。

表 3 列出了男女经常使用的女性称呼语前四位。可知男性经常使

用的女性称呼语依次是"阿姨、美女、姐、姐姐",而女性常使用的称呼语依次为"阿姨、美女、小姐姐、姐姐",其中"阿姨、美女、姐姐"这三个称呼是男女性都常使用的女性陈呼语,整体差别不大。但是女性常使用"阿姨""美女"的人数较男性多,且男性也常使用"姐"这个称呼,甚至略高于"姐姐"的使用,而女性相比男性,不太喜欢使用该称呼;此外,相比男性,女性更常用"小姐姐"这一称呼的人数更多。

表3 不同性别被试者常使用的前几个女性称呼语

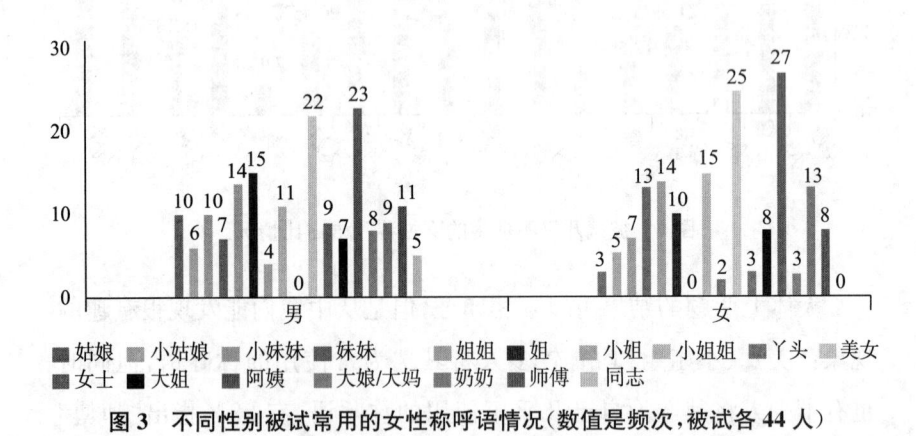

	阿姨	美女	姐	小姐姐	姐姐
男	23/52%	22/50%	15/34%	11/(25%)	14/32%
女	27/61%	25/57%	10/(23%)	15/34%	14/32%

图3 不同性别被试常用的女性称呼语情况(数值是频次,被试各44人)

由图3可进一步得知,男性被试者无人选择"丫头",女性被试者无人选择"小姐"和"同志"这两个称呼,但有4位男性选择了"小姐",5位男性选择了"同志",虽然所占比例也较少,但是可发现男女在使用称呼语上的不同。男女性差别较大的选项还有"姑娘""女士""大娘/大妈""妹妹"这几个称呼,更多男性把"姑娘、女士、大娘/大妈"选为自己的常用女性称呼语,而选择这些称呼作为常用称呼语的女性却少得多(有10位男性选择"姑娘",而女性被试仅3人选择;有9位男性选择了"女士",而仅3位女性选择;有8位男性选择了"大娘/大妈",而女性只有3

位),至于"妹妹"这个称呼语,女性有 13 人是常用称呼语,男性仅 7 人,相比男性,女性更常使用"妹妹"这一称呼。

至于几乎不使用的女性称呼语,数据统计也从反面印证了其常使用的称呼语。根据数据列出表 4(频次见图 4),不管是男性还是女性,几乎不使用的女性称呼语前三名都依次是"丫头、同志、小姐",唯一区别是女性把这三个称呼选择为自己几乎不使用的人数更多,占比更高。男性几乎不使用的称呼语第四和第五名分别是"师傅"和"姑娘",而女性几乎不使用的称呼语接下来是"大娘/大妈"和"女士","师傅"和"姑娘"并列第六。我们可得出结论:"丫头、同志、小姐、师傅、姑娘"这 5 个称呼语是男女都几乎不使用的,而"大娘/大妈、女士"这两个称呼语相比男性,女性几乎不使用。

表 4　不同性别被试几乎不常用的前几个女性称呼语

	丫头	同志	小姐	大娘/大妈	女士	师傅	姑娘
男	24/55%	20/45%	18/41%	11/(25%)	12/(27%)	16/36%	15/34%
女	28/64%	24/55%	21/48%	20/45%	17/39%	15/34%	15/34%

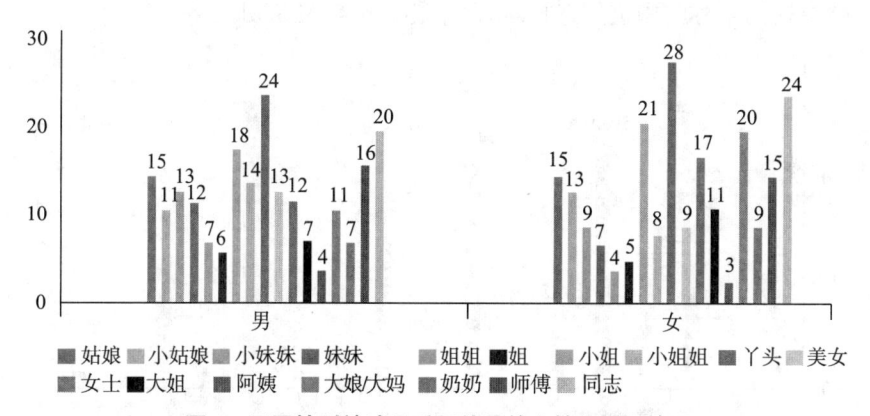

图 4　不同性别被试几乎不使用的女性称呼语情况

4.3　女性称呼语的使用与被试年龄的关系

由上文可知,整体上来看,"阿姨、美女、姐姐、姐、小姐姐"等是大家常用的称呼,那么针对不同年龄段的人来说,常使用和几乎不使用的女性称呼语会不会有什么不同呢？我们在问卷中把被试的年龄分为了"20岁以下、21—30岁、31—40岁、41—60岁"这四个年龄段，接下来以被试的年龄为变量，来统计分析被试常使用和不使用的女性称呼语与年龄有什么样的关系。

1. 20岁以下的被试

根据图5可知，20岁以下的被试最常用的占比较高的几个女性称呼语依次是"阿姨、姐姐、小姐姐、美女"，此外，"奶奶"和"小妹妹"也较常使用，"妹妹"不如"小妹妹"更常使用；相比称呼语"姐姐"占据的高比例，称呼语"姐"的常用比例大大降低。20岁以下的被试全部都是在校学生，22名被试中6位初中生，6位大学生，10位高中生，整体年龄较小，又一直处于学校和家庭的环境中，因此确实使用较多的称呼基本都是拟亲属称呼，偏向亲切亲近类的称呼语，"小妹妹"比"妹妹"要亲切一些，"姐姐"比"姐"更加亲昵，这可能是大多数00后相比"妹妹"和"姐"，更偏爱使用"小妹妹"和"姐姐"的原因。被受访者常使用"阿姨"和"姐姐"这两个称呼是因为生活中遇到的女性基本都比自己大一些，根据年龄在这两个称呼中进行选择，这两个称呼礼貌又亲切。

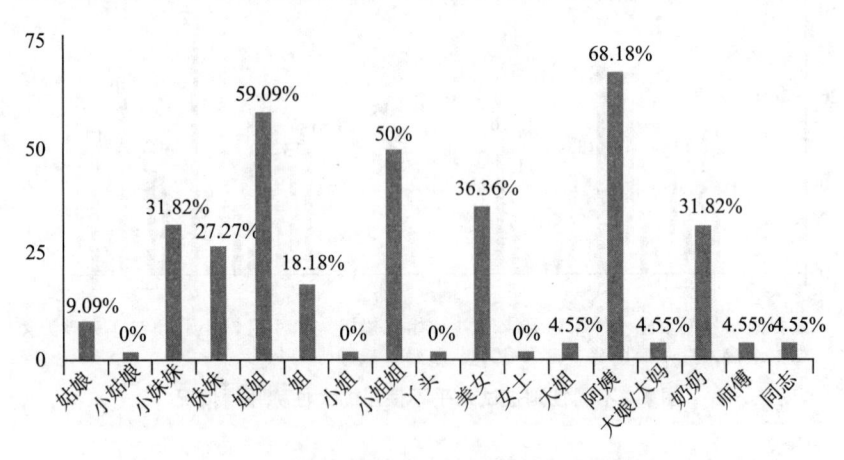

图5 20岁以下被试常用女性称呼语调查情况

根据图6，我们可以发现，00后几乎不使用的女性称呼语前几个依次为"丫头、女士、小姐、姑娘、师傅、同志"，此外"小姑娘、大姐、大娘/大妈"这些称呼也几乎不使用。至于"丫头、姑娘、小姑娘"为何不使用,被试给出的理由很多,主要有以下几种:(1)这是长辈称呼晚辈的称呼,我年龄还小;(2)过时了,太土了,让人想到扎着麻花辫、穿着花棉袄的农村年轻女性的形象;(3)这是北方称呼吧,自己周边没有人这样用,使用的话感觉很奇怪,说不出口。至于"女士",被访者认为这是在很正式的场合下使用的称呼语,比如电视上经常出现,但是自己的生活中很少有人这样称呼别人。对于"小姐"这个称呼,部分受访者表示这个称呼有不好的意思在里面,别人可能会不高兴,礼貌起见避免使用,但是受访的大部分00后对这个称呼都是持正面评价,认为这是用于气质高的女性,在职场以及公司里面应该会经常用到这个称呼,自己现在还是学生用不到这个称呼,但以后长大了工作之后会有机会用到,这个称呼可能还用于电视剧里面那种"主仆关系"。相比其他年龄段,00后普遍对"小姐"这个称呼的负面印象没有那么重。至于"师傅"和"同志",受访者均认为这两个称呼已经过时了,尤其是同志,感觉只有爷爷奶奶那辈人可能会用,而"师傅"觉得是用于男性的称呼,生活中的女性出租车司机之类的都是称呼"阿姨"。"大姐、大娘/大妈"不使用的原因也是觉得过时老土,充满乡土气息。

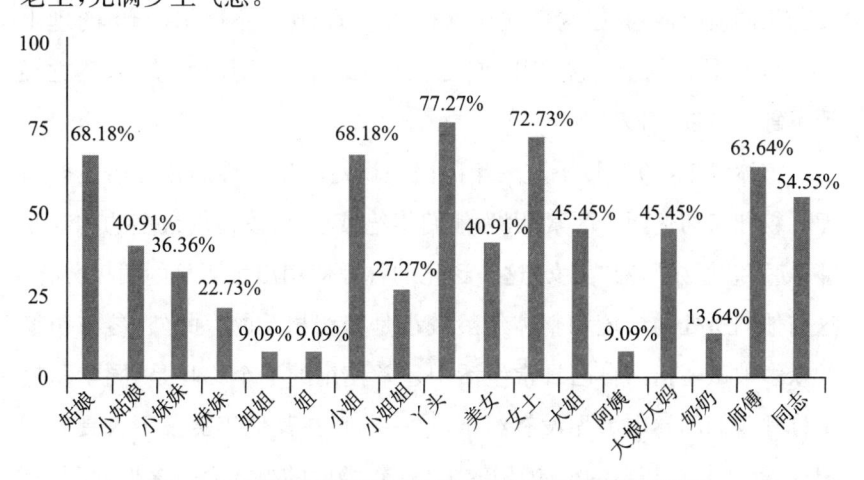

图6　20岁以下被试几乎不使用的女性称呼语调查情况

这里有趣的现象是"美女"和"小妹妹"这两个称呼,也有较多00后几乎不使用,且不使用的人数略多于使用的人,这说明这两个称呼在00后这里出现了分歧,根据访谈结果得知,使用"美女"的00后认为这是一个大众都在用的称呼,用得比较多,也很大众,也有个别受访者觉得喊别人美女是在夸赞别人,比较亲切;不使用"美女"的00后普遍觉得当面称呼陌生人美女很轻浮轻佻,觉得有种猥琐的感觉,甚至有受访者表示"像喝醉酒的老男人勾搭小妹妹的称呼",也有受访者表示觉得自己年龄还小,不适合使用这一称呼。至于"小妹妹",与"美女"类似,使用的人认为这个称呼可以用来称呼年龄小的小女孩,也可以用来称呼别人的妹妹,更加亲切,不使用这个称呼的00后认为这个称呼是男性撩妹的时候使用的,感觉很轻佻,如果对方年纪比自己小,用妹妹就好,没必要用"小妹妹"。

另外"小姐姐"这个称呼,虽然常使用的占比高达50%,有较多00后选择该称呼,这是一个近年来刚流行起来的新称呼,可用来指称十几岁到二三十岁的女性,一般这些女性比较漂亮或者软萌可爱。但是通过采访发现,00后几乎没有在现实生活中当面使用这个称呼语的,多是在网络平台上使用或者作为与别人交谈的他称语使用,或者身边好朋友互相调侃时使用;但这个称呼也有27%的00后不使用,给出的理由有:(1)觉得网络上过度使用,自己觉得太土;(2)不习惯使用,感觉轻浮不舒服,难以启齿。

整体说来,20岁以下这一年龄段被试对陌生女性的称呼语主要考虑礼貌和亲切这两个因素,因为他们年纪较小,所以使用最多的称呼是"阿姨"和"姐姐",对"美女"这一泛化的称呼使用出现明显的两极分化,这与他们所处的环境和整体年龄较小是密切相关的。此外,参与访谈的众多被试还指出自己日常生活中还常使用的一个称呼是"同学",这个称呼我们问卷中事先没有给出,这一称呼在其他年龄段不太具有普遍性,除非是在特定的校园环境中其他年龄段的人才会较多地使用,所以这也应该与00后仍旧长期处于校园未完全接触社会有关。

2. 21—30 岁年龄段的被试

该年龄段有一半的人数仍是学生,还有一半的人已经参加工作。半数的人是研究生学历,9 人本科或大专学历,2 人高中或中专学历。根据图 7 可知,该年龄段的被试常使用的女性称呼语主要是"阿姨、美女、奶奶、姐姐、姐、小姐姐、师傅"等,与 00 后相比,显著的变化出现在"师傅"这一称呼上,"美女"的使用人数也比 00 后多。"姐姐"和"姐"的使用率差距不大,不像 00 后那样偏爱使用姐姐。"小姐"虽然常使用的人数还是偏少,但不同于 00 后的无人将其选为常用称呼。至于"阿姨、姐姐、姐、奶奶"这几个称呼,受访者给出的理由一致认为这是与不同年龄段女性对应的称呼语,显得尊重,而且用这些亲属性的称呼,能拉近与陌生人的距离,使用"妹妹"和"小妹妹"也是同样的道理,与年龄和礼貌相关。"美女"是一个大众化的称呼,但是大部分该年龄段的受访者都表示大部分情况下年轻漂亮的女性才会称呼其为"美女",还有就是在一些特定场所和特定行业比如说服务业可能称呼"美女"比较多,如果对方不漂亮却称其为"美女"就有讽刺的嫌疑,别人可能会觉得不高兴,而且美女这个称呼现在大家用得太多了,就很俗气。使用"小姐姐"的多用于称呼与自己年龄相仿的女性,也即 20

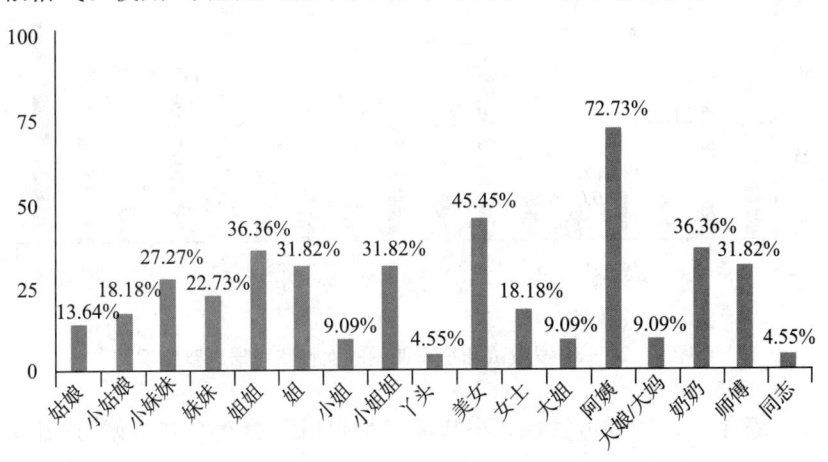

图 7　21—30 岁被试常用女性称呼语调查情况

来岁,大部分人称使用这个称呼是随大流,觉得可以提升好感,但基本也是在网络平台上使用。至于"师傅",该年龄段的受访者均表示这是用于固定场合的固定对象的称呼,比如出租车司机、报亭摊主、收发邮件的女性等。

根据图8可知,21—30岁年龄段的被试者几乎不使用的女性称呼语主要是"同志、丫头、大娘/大妈、小姐、师傅、小姑娘"。该年龄段相比00后,更确切地觉得"同志"这个称呼过时,绝大部分人指出已经几乎没有人使用这个称呼了,只是领导和党员有时可能会使用;"丫头"这个称呼受访者给出了多样的不使用理由,有人表示没有使用的习惯,是偏北方的称呼,有人觉得很随意,有人觉得这是称呼女儿的称呼,还有人觉得这是男女朋友之间使用的昵称,比较私密,还有人觉得这个称呼太土。至于"大娘/大妈",大家普遍觉得过于土气,把别人叫老了,是不尊重别人的表现;而"小姑娘"是年龄大的人对年龄小的人使用的称呼,太老套了,大家都不习惯使用。

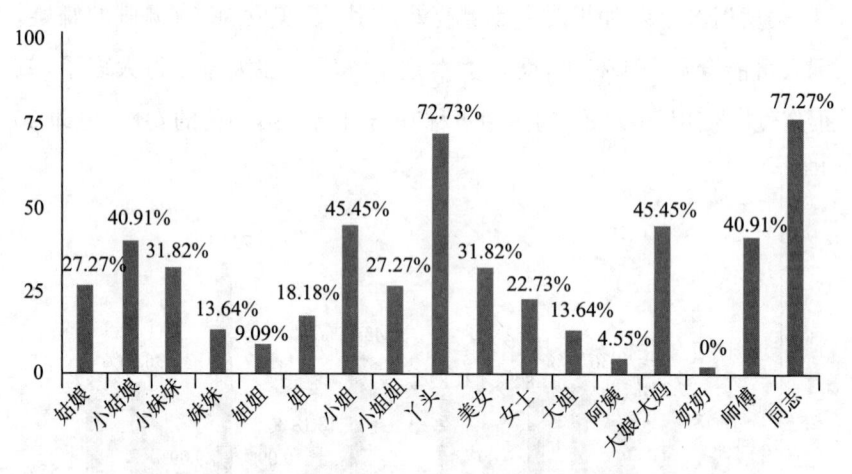

图8 21—30岁被试几乎不使用的女性称呼语调查情况

综合图7、图8可发现,"小妹妹""小姐姐""美女"和"师傅"这几个称呼语常使用的人数和几乎不使用的人数差不多,也出现了同样的分歧现象。使用"小妹妹"的人觉得这个称呼适合称呼年龄很小的女性,而有人觉得不习惯使用这个称呼,觉得"妹妹"就可以了,加上"小"字感觉不尊重。"小姐姐"的分歧在于一部分人觉得这个称呼会拉高别人的好感,而更多人认为现实生活中这个称呼很油腻,网络上大家都用、别人这样称呼自己自己会觉得不适。至于"美女",很多该年龄段的受访者表示觉得轻浮,而"师傅"这个称呼偏向男性化,用来称呼女性不合适。

整体看来,21—30 岁这个年龄阶段的被试,在称呼陌生女性时,除根据年龄因素进行称呼外,还会选择像"美女"、"小姐姐"、"师傅"这样的已经泛化或者具体特定的称呼语,这应该与该年龄段被试本身的年龄和经历有关,这个年龄段的人有些还在读大学,有些已经步入职场,所以常用称呼相比起 00 后更加多元。

3. 31—40 岁年龄段的被试

这个年龄阶段的人算是当今社会职场的主要人员,参与此次问卷的被试有一半的学历是本科或大专,2 位学历是研究生及以上,5 位学历初中及以下,4 位学历是高中或中专。这 22 位被试的职业占据了问卷列出的所有职业(学生除外),以公职人员和公司职员者两个职业为主。

根据图 9 可知,该年龄段使用最多的称呼语主要有"美女、阿姨、姐、小姐姐、奶奶",此外"妹妹"和"女士"也用得较多。与 30 岁以下的被试不同,"美女"超过"阿姨"成为了使用次数最多的称呼,31—40 岁的被试常使用的女性称呼语排名第一的是"美女"。至于"美女",被试大多认为这是一个社会性统称,大家基本上也是认可这个称呼的,而且有一种年轻漂亮的意味在里面,别人也会觉得高兴;"阿姨、姐"是对年纪更大的女性的称呼,以表尊重和礼貌;使用"小姐姐"的受访者表示因为这个称呼很流行,感觉很多场合可以替代已经有点过时的"美女",至于"奶奶",也是用于表示尊重。"妹妹"比较亲切,可以拉近关系;"女士"对别人很尊重,很礼貌。

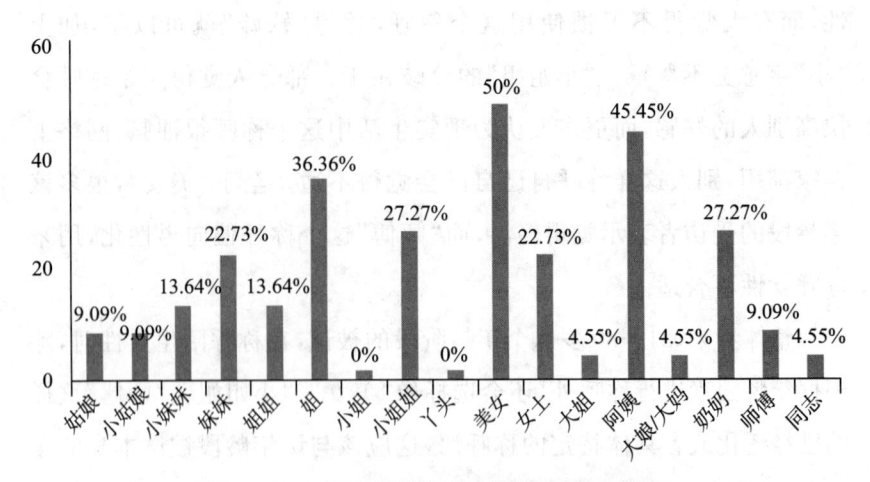

图 9　31—40 岁被试常用女性称呼语调查情况

同时根据图 10 我们可知，该年龄段几乎不使用的称呼语主要有"丫头、同志、大娘/大妈、奶奶、小姐"，同时可发现几乎不使用"妹妹"的和常使用"妹妹"的人数一样多。大部分受访者表示没有使用"丫头"的习惯；"同志"这个称呼过于过时；而"大娘/大妈"很俗气，不尊重别人，会联系到"扫地大姐"之类，而且这种称呼明显把别人叫老了；陌生"奶奶"辈的人只要不是年纪特别大，就用"阿姨"来替代，有人表示"奶奶"

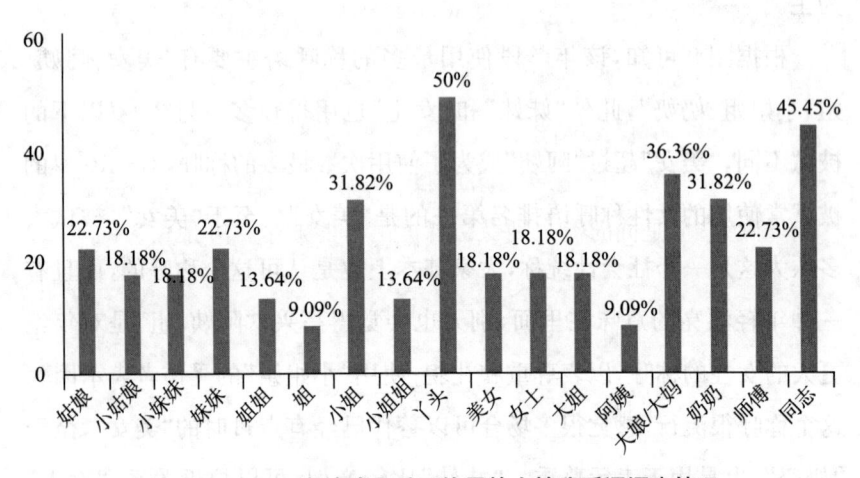

图 10　31—40 岁被试几乎不使用的女性称呼语调查情况

和"妹妹"都是用于亲人亲戚，不会用于陌生人；而"小姐"，有不好的含义在里面。而对"姑娘、小姑娘"这类称呼，几乎不使用的部分受访者均表示不习惯这类称呼，而且有轻浮的意味在里面；至于"师傅"，有受访者表示用于称呼女性不合适，感觉太糙了。

整体看来，该年龄段与 30 岁以下的受访者在常用称呼语上的差异主要表现在整体上更偏向使用"美女"这一称呼，几乎不使用的称呼与前两者差距不大。这说明在称呼语的使用上该年龄段偏向使用较具有社会认可度的称呼，但同时也能紧跟时代和潮流，"小姐姐"的使用就是证据。而该年龄段内部分歧最明显的在于"奶奶"这个称呼，有人觉得 30 来岁年龄不算小再喊别人奶奶也不太好，有人觉得"奶奶"是对长者的尊重，这与不同人的心态及其所处环境息息相关。

4. 41—60 岁的被试

该年龄段的被试普遍学历较低，超过一半的被试仅初中学历，5 位具有高中或中专学历，5 位具有本科或大专学历，他们的职业也比较多元，涵盖了除学生外的所有职业，整体看来是服务行业（餐饮服务员、司机、售货员等）居多。

根据图 11 可知，该年龄段被试最常使用的称呼语主要有"美女、大姐、阿姨、师傅、大娘/大妈"这几个。与前几个年龄段被试不同的是，该年龄段"美女"占据绝对优势地位，除掉这几个称呼，其他称呼所占的比例均比较低。受访者普遍觉得这个称呼能使对方高兴，因为这个称呼跟年轻漂亮有关，是一种美称，同时也算是一种统称，别人听起来舒服，更有好感。但是同时有个别受访者提出可能这个称呼使用时间也很长了，所以可能对现在的年轻人来说有点过时，且有时候如果别人实在颜值太低，再称呼"美女"就不太好，所以有时也不使用，有受访者表示自己有时会用"靓妹/靓女"这样的称呼来代替美女，"靓妹"意思也是美女，但是觉得使用对象不美的时候用起来也不会觉得尴尬。这虽然是个别受访者个人观点，且该受访者长期生活在深圳地区，"靓妹"一称呼应该是受当地文化影响，但这也从侧面说明了 41—60 岁阶段的人对

"美女"一称呼也不仅只有最初的刻板印象。"大姐、阿姨"也均是与年龄相关,对于该阶段的被试来说,比自己年轻和年长的都可以称为美女,但是年纪更长的女性更多是称为"大姐"或阿姨"表示尊重和亲近。而"师傅"这个称呼语常用于年纪相仿或稍大的女性,也多是用于特定场合,比如说看惯门口的年长女性、餐厅的工作人员、女性司机等。

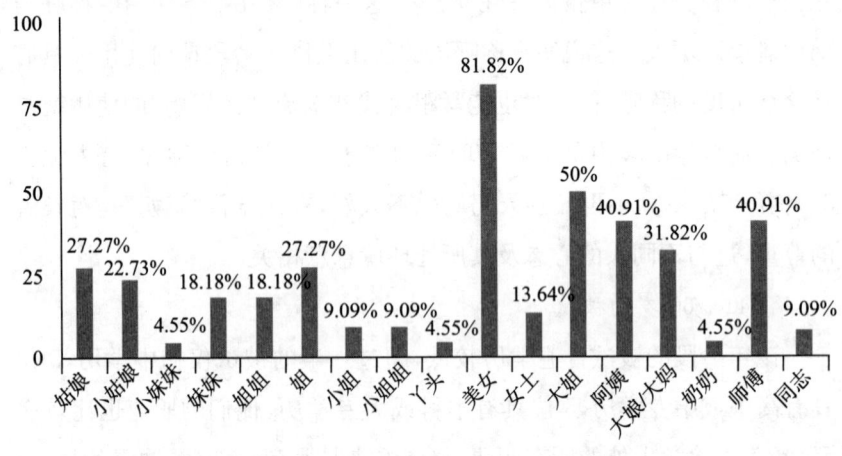

图 11 41—60 岁被试常用女性称呼语调查情况

根据图 12 可知,该年龄阶段几乎不使用的女性称呼语主要有"丫头、小姐姐、小姐、妹妹、奶奶、同志"。基本上都没有使用"丫头"的习惯,至于"小姐姐",大部分受访者表示不太清楚这个称呼,知道该称呼语的也从来没有使用过,也不太清楚应该怎么用。至于"奶奶",大部分受访者表示自己这个年龄再叫别人奶奶就不太好意思了。而"同志"现在太落时了,小的时候还有人用,现在已经没有人用了。至于"妹妹"和"姑娘"这两个称呼,这个年龄段有人使用也有人不使用,使用"妹妹"的觉得年纪比自己小的女性这样称呼就很亲切顺口,生活中也经常这样使用,不使用该称呼的人觉得称呼陌生人为妹妹不太好。而"姑娘"呢很多人表示不习惯使用,而且有些受访者表示这是用来称呼自己家女儿或者旁称别人家女儿的,比如说"他家姑娘现在在南京上学"。但同时也有人觉得"姑娘"顺口,称呼年龄小的女孩子也更加亲切。

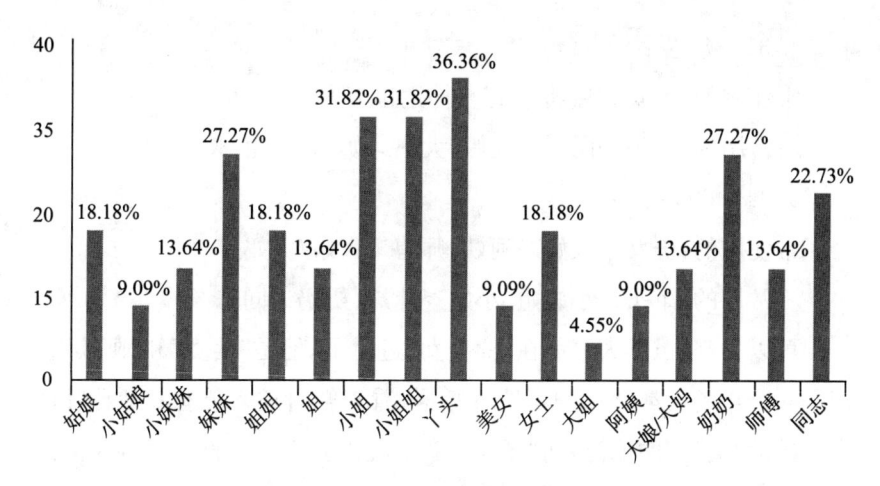

图 12　41—60 岁被试几乎不使用的女性称呼语调查情况

整体看来,该年龄段的被试在常使用的称呼语上相比其他三个年龄段更偏爱使用"美女",之后再是根据年龄进行称呼的"大姐、阿姨"之类以表尊重;至于几乎不使用的女性称呼语,该年龄段与前三者就有较大的区别,整体上不使用的称呼语占比比较均衡,除去与前三者共同的"丫头、同志、小姐姐"外,"妹妹"和"奶奶"也居于几乎不使用的称呼语之列,这与该组被试年龄更大有关。

总结以上统计出的各年龄段常用与几乎不使用的女性称呼语,可以列出下列排位顺序(仅列前 4 名)以供我们更清晰地得知各年龄阶段被试女性称呼语的使用情况:

1. 总体来看:

常使用的:阿姨＞美女＞姐姐＞小姐姐

不常用的:丫头＞同志＞小姐＞大娘/大妈、师傅

2. 20 岁以下:

常使用的:阿姨＞姐姐＞小姐姐＞美女

不常用的:丫头＞女士＞小姐、姑娘＞师傅

3. 21—30 岁:

常使用的:阿姨＞美女＞奶奶＞姐姐＞姐、小姐姐、师傅

不常用的:同志＞丫头＞大娘/大妈、小姐＞师傅、小姑娘

4. 31—40岁：

常使用的：美女＞阿姨＞姐＞小姐姐、奶奶

不常用的：丫头＞同志＞大娘/大妈＞奶奶、小姐

5. 41—60岁：

常使用的：美女＞大姐＞阿姨、师傅＞大娘/大妈

不常用的：丫头＞小姐姐、小姐＞妹妹、奶奶＞同志

可以发现，虽然大家都在讲"美女"过时了，但是"美女"和"阿姨"依旧是各个年龄段都常用的女性称呼语，看来暂时还未能有其他称呼能完全撼动"美女"的地位，而"丫头"和"同志"也几乎一直位居各年龄阶段几乎不使用的女性称呼语榜首，"同志"是因为社会公认的过时，而"丫头"可能是因为此次调查被试多为南方人，许多被试认为这是一个偏北方的称呼语，而且许多人认为"丫头"是比较亲密的称呼，常用于家中父母对女儿，或者是男女朋友之间的昵称，所以几乎不使用。

4.4 女性称呼语的使用与被试受教育程度的关系

根据问卷，可列出下表，但是发现其实最常使用和几乎不使用的女性称呼语几乎和受教育程度没有太大的关联，仅有细微差异，常使用的女性称呼语依旧是"美女"和"阿姨"等占比较多，几乎不使用的女性称呼语也几乎仍是"丫头、同志"之类，这说明目前社会上对于陌生女性的称呼语使用其实比较固化，除年龄和性别对女性的称呼语使用情况有影响之外，被试的受教育程度几乎不受影响，不过也可能是因为本次调查的样本较少，不足以发现二者的关联。

表5 女性称呼语使用情况与被试受教育程度关系表

	常使用的		不常使用的	
初中及以下（23人）	美女	阿姨	丫头	同志
高中或中专（21人）	阿姨	美女	丫头	小姐
本科或大专（31人）	美女	姐	丫头、小姐	师傅、同志
研究生及以上（13人）	阿姨	姐姐、奶奶	同志	丫头

正因为整体样本数量不是很多，而职业分类很多，所以本文不分析

陌生女性称呼语使用情况与被试的职业的关系，因为样本太少得出的结论也难以说明事实。

五　结语

根据此次调查，我们得出了陌生女性称呼语的整体使用情况，而且发现陌生女性称呼语的使用与称呼者的性别、年龄具有相关性，但是由于样本数量不足，关于称呼者职业对女性称呼语使用情况的影响我们本文没有进行讨论，这在之后的研究中应该得到关注。关于女性称呼语使用的具体原因，本文结合受访者给出的回答进行了总结性的分析，但并未深入地从语用、语义或者社会文化因素、社会权势力等进行深入讨论，这也是本文做得不够的地方。关于陌生女性称呼语的使用情况调查是一件十分具有研究价值的研究，对我们的社会交际和社会文化的考察研究都具有十分重要的意义。

参考文献

［1］付义荣.南京市语言使用情况调查及其思考［J］.南京航空航天大学学报(社会科学版)，2004(3):51－54,64.

［2］吉晖.家庭社会经济地位对儿童语言能力发展的影响分析［J］.语言文字应用，2019(3):30－39.

［3］劲松，朱盈梅.北京城区本地青年人语言使用调查报告［J］.北京社会科学，2014(4):26－31.

［4］林元彪，张日培，孙晓先.上海市语言文字应用能力及使用状况调查报告［J］.语言政策与语言教育，2015(1):71－96,116.

［5］刘海萍，徐玉臣.人文社科类论文英文摘要文体特征分析——以 SSCI 及 A & HCI 检索学术论文摘要为例［J］.西安外国语大学学报，2015,23(4):46－50.

［6］刘瑜.泰北华裔中学生语言使用情况调查报告——以清莱府的

两所中学为例[J].语言教学与研究,2013(6):17-22.

[7] 孙荻芬,边境,姚守梅,等.关于"中学生语言学习现状"调查报告(1997年12月)[J].语言文字应用,1998(2):46-50,3.

[8] 王伟超,许晓颖.南京言语社区语言态度调查报告[J].东南大学学报(哲学社会科学版),2010,12(S1):182-186.

[9] 韦家朝,韦盛年.京族语言使用与教育情况调查报告[J].中央民族大学学报,2003(3):138-142.

[10] 俞玮奇.城市青少年语言使用与语言认同的年龄变化——南京市中小学生语言生活状况调查[J].语言文字应用,2012(3):90-98.

[11] 张江丽.汉语第二语言学习者接受性词汇量实证研究[J].语言文字应用,2017(3):125-133.